北京城

不是一天造成的

喜樂 著

所經之處，郊外是群樓高聳，
市區是舊建築夾雜著新建築。
舊街道借新建築拓寬。
這樣的北京是舊的極舊，新的極新，
兩個極端相差幾個世紀 ？

三民書局

我的父親真是寶藏

姜保真

先父喜樂（姜增亮）先生是二〇〇八年去世的，至今已有十五年。猶記得瘂弦先生曾在電話中對我說：「你的父親是個寶，他是寶藏。」他是指我的爸爸記得這麼多故都北京的往事。這是真的！

爸爸生前曾與先母小民（劉長民）女士合作在報紙發表散文，媽媽撰文追憶北京往事，爸爸繪插圖，有一幅圖畫是北京的老太太蹲在路邊賣各式水果，她面前擺放著兩個藤條編織的籃子，有橫岔的木棍擱在地上。後來，我頭一次隨父母親赴大陸探親旅遊，在盧溝橋碰見一個老太太賣水果，我不禁一愣！因為那簡直就是爸筆下圖畫場景的人物跳了出來，連籃子棍子都那麼的相似。

先父母在大陸時期因戰亂而東奔西走，他們住過成都、南京等地，但在爸爸的心中深處可能只有北京才是家鄉。因此，爸爸寫得最多的、畫得最多的，自然就是北京。記得我陪同他們到北京那次，曾經費了好大工夫，輾轉詢問才找到爸爸童年的老家——是一棟破舊、狹小的三合院，後來又分割給多戶人家居住，更是顯得擁擠雜亂。院裡出來一個中年婦人疑惑的看著我們，經過略略解釋她才應付似的說聲「歡迎回來」。

臨別前，媽媽笑著打趣說怎麼沒有跑出來一個女的抱住爸爸痛哭？她的意思是說爸爸當年在大陸有沒有太太或情人？我們在嘻鬧聲中步行走出窄巷，爸爸始終低頭不語，到了巷口他突然止步，回望巷內的房屋，那時剛好黃昏，北京的夕陽在混濁的空氣中有點朦朧，爸爸舉手遮在眉前凝視，久久才在我們催促下轉頭。

爸爸的心中在想什麼？當年離開後，很長一段時日裡未曾奢望有朝一日再回鄉；如今竟然回來了，但還是要再離開了，畢竟「家」已經不在這裡，而是在東南的海島臺灣。

爸爸離開北京是他十七歲高中畢業、考上北大藝術系的時候。記得爸爸曾對我們孩子說他從小就有繪畫天分，小學時候上美術課，老師有一次給的作業是畫一隻手掌，全班低頭作畫。下課前老師收了畫紙，發現全班同學畫的多是五指岔開的手掌，只有爸爸畫的是拇指與其他併攏四指分開的圖像，老師特別拿出來稱讚。

但是爸爸沒有唸北大，那時正值舉國抗日的氛圍，他也考取了空軍機械學校，決定投筆從戎了。他搭火車南下杭州筧橋報到，早了一天，學校宿舍未開放，他只得到西湖公園的椅子上睡了一夜冷板凳。

在筧橋的時候感染了傷寒，當時的醫療不發達，幾乎病死在醫院。爸爸說最後痊癒可出院時，他照鏡子嚇一跳，鏡子中完全就是一個皮包骨的髑髏。

爸爸也是在那時經歷了生離死別，學校放假他回北京，進了家門習慣性的先喊：「媽，我回來了。」家中靜悄悄無人應聲。爸爸問：「媽呢？」

我的祖父淡然地說：「媽死了、埋了。」

言及到此，媽媽都會追問他：「家裡怎麼都不寫封信通知你呀？」我則是好奇問爸爸當時有沒有哭？爸爸搖頭說沒有。

爸爸從筧橋畢業後，被選上公費赴美留學——學習如何造飛機。他說當年美國種族歧視嚴重，放假他和同學搭公車出遊，上車後司機都會向車廂後一指，叫他們這些「有色人種」坐到後排去，前面是給白人坐的位子。

後來我在美國留學，大哥已在美就業工作，有一年父母來美國探視我們，大哥夫婦特地開車載我們去爸爸曾經留學的密西根大學 (UM) 一遊。記得到了大學附設書店，爸爸呵呵笑，說完全和當年一模一樣，還去跟收銀台的美國小妞說自己多少年前在這裡唸書，記得那女孩子笑著說：Welcome back。後來我們在爸爸北京的故居，那位婦人也是淡淡的說「歡迎回來」。在電光石火的霎那間，我曾想到密西根那位女孩子的歡迎詞。

但是記憶裡爸爸從未寫過、畫過他曾旅居四年的美國密西根州點點滴滴，可能在他的心中只有北京才是真正的故鄉。

這本《北京城不是一天造成的》一九九五年由三民書局初版，書中收錄的是爸爸的懷舊散文、雜文，其中字數最多的一輯就是同書名的〈北京城不是一天造成的〉，寫北京城、紫禁城、甕城、城門牌樓……，當然也有爸爸的親筆插圖，堪稱鉅細靡遺。後來我曾帶臺灣師生往訪北京，自然也有遊覽故宮紫禁城的行程。在太和殿前有幾尊肚腹頗大的黃銅水缸，是當年盛水的消防救火水缸，缸身上有凌亂的刮痕，我當起了導遊，解釋說這是八國聯軍入侵時，洋兵見缸身有鎏金，用刺刀刮下金粉帶走。記得當時除了我們這一團，還有其他散客也都圍上來聽我講述。我的知識自然也是來自爸爸，在本書中也有寫到鎏金水缸這一段。

〈北京城不是一天造成的〉這一篇長文，曾在一九九三年入選《聯合報》第十五屆報導文學獎。

重讀本書，我只想到瘂弦先生那句話——「你的父親是個寶」，懷念我親愛的爸爸。感謝三民書局決定再版重印本書，讓讀者得以重溫那屬於老北京的光輝，夕陽雖落，餘暉猶在。

民國一一二年六月十八日先父逝世十五周年忌日

寫文章、畫插畫

我上中學的時候，就給大書局出版的雜誌投過稿了。值得一提的稿酬是一年份《中華雜誌》。抗戰期間也給報紙投稿，有一篇是說勝利後建都地點問題。經常向報刊雜誌投稿則是來臺後民國五十年代開始的，包括兩篇長文投本島的英文日報。那一陣子，以談論工業和產品方面的文章居多，不免須用插畫配合。一次潘人木女士詢問北方「踩高蹺」景象，我畫了一張「唱秧歌」的彩色畫送去。那是引我畫北平風土人情畫的興趣之始。也引起後來配合小民受邀寫專稿，談兒時北平生活的小故事，由我畫插畫，闢欄刊出，不料卻非常成功。後來由各報副刊和雜誌相繼邀稿，還傳到海外華文報紙。集結成書後，又引起大陸「翻印」和日本

「翻譯」的岔路，則樂得不想費神追究了。

這些年我畫了兩百多幅插畫，都是素描，目的在表現「檔案記錄」性作品特質。因而影響這幾年的寫作偏向「檔案體」(documentary record) 一類的文章。我國古時文人很少鑽研繪圖技術，致「檔案記錄」作品發揮有限。我從所積素描原圖提出六十一張畫成水彩畫，由純文學出版《喜樂畫北平》圖文集。這本書為民初北京人的日常生活略盡記錄性報導使命。素描全是用黑原子筆畫的，著上彩色等於「有骨水彩畫」。畫油畫時，在帆布用白油彩打過底之後，也有油畫家喜歡先用黑油彩筆在上面起稿，然後用彩筆開始漫長的油畫功夫。完工的一幅油畫仍可看出黑筆輪廓此隱彼現。這種繪法是否稱為「有骨油畫」？不詳。

這次三民書局出版《北京城不是一天造成的》，共含四輯：

第一輯　休閒雜憶

第二輯　北京遐思

第三輯　北京城不是一天造成的

其中共選長短文三十七篇，插畫二十二幅。插畫大部仍是黑筆素描，有幾幅是機械式「正面圖」、「三面圖」、「立體圖」和建築式「鳥瞰圖」繪法。可惜的是為「北京城不是一天造成的」一輯所繪北京難得一見的名建築舉例不多，也畫得不夠精到。至於第一輯裡插畫的龍，是十幾年前正畫「北海九龍壁」大幅（三英尺×七英尺）彩色畫的時候，無意中發覺過去畫龍的老師父們把龍的後腿與前腿弄成相同了，只有少數實例是例外；並且還把左右兩對前後腿都安排成「互生」，不是「對生」。龍雖然被中國「藝術化」了，仍應屬脊椎動物：前後腿有別，且是「對生」的。這幾年我所畫的龍都避免這類龍腿問題重現。

諺語說：「一圖勝千言。」證之西洋製造業和建造業界所發展的「繪圖科技」，可知此言非虛。現在一架廣體客機和一座百層摩天大樓，在施工期間所用上千上萬張的「藍圖」，如果改由工程師用口述方式交待施工程序，說出物體的立體形狀、尺寸，何處用螺栓、何處用鉚釘，怎樣組合、怎樣焊接……，試問載幾百乘客的飛機和供幾千人辦公的大樓，需說幾千幾萬句話才能解說清楚！這也是「文章」與「插畫」在報刊雜誌上互別苗頭的問題。

中國固有文化，文人寫文章，具天才者也畫「文人畫」自遣。但無法參與今日世界進步的印刷術，為工具書繪製「印刷版」所需的「美工圖」。這也是西洋「美工科技」興起的由來。

不過，西洋小說出版時，不像中國舊章回小說偏愛「繡像」，恭請名畫家為小說畫「工筆仕女」，刻版印刷，編在「目錄」前後。在第一冊插進「繡像」可以增加閱讀興趣。西洋小說家則不贊成為小說添加任何插畫。特別指出如果安插小說人物畫像，有主導讀者對人物的描寫產生錯覺之弊。在這本《北京城不是一天造成的》第一輯〈三碗不過崗〉一文中有一幅「武松大碗喝酒、大塊吃肉」的插畫，所畫武松的行裝也是憑模擬畫出來的。到底大家都沒見過宋朝人的衣食住，也許用放大鏡可以仔細觀察一下「清明上河圖」，或有所得。我用原子筆嘗試的效果如何？

只有由閱讀者判斷了。現在如果仍有專為中國章回小說畫「繡像」的畫家，恐怕也買不到專為畫「工筆仕女」的「小紅娘」畫筆了，只得用現代的「硬筆」代勞了。

這本書原稿集成之日，決定用《北京城不是一天造成的》做書名，一方面為紀念明朝皇帝朱棣建設北京城的功勳；另方面也恭奉這本書追思在「七七抗日」戰爭前，久病安息的母親。今年是她老人家一百零三歲冥壽紀念。同時也要感謝我家三壯丁的母親小民，是她不斷敦促才集成書的。最後還要謝謝三民書局劉振強先生的青睞，使我的筆耕點滴，得到機會交給讀者，分享收成的喜樂。是為序。

民國八十三年五月八日母親節

目次

第三輯　北京城不是一天造成的

第一輯

休閒雜憶

正牌
副牌
82,01,15.

福

金錢野馬　易放難收

西方國家多由資本主義起家、金錢掛帥，在自由的誤導之下，賭博不但公開，且佔三百六十行中獨開生面的一種特別行業；又多與黑道掛鈎，開賭場的老大永遠不輸。再加以賭客揮金如土，賭場成了號召力最強的不計成本生意。歐洲有以「賭」立國者，美洲有賭場林立出了名的城市。「賭」之在我國則僅屬民俗消遣、居家娛樂，官方仍依傳統文化和道德觀念禁賭。近年來在臺灣，大家腰包富餘錢太多，地方知名之士竟有開放賭場的呼聲。一時恐怕還拗不過維護善良風俗的反對暗潮。把中國民俗之賭，保留在娛樂、休閒的家庭活動之內，應是拴住這匹「金錢野馬」的好辦法之一。「賭」本來就是國民犯法之源。

這也說明中國固有文化的特色。就在幾千年帝王專制時代，只有新年來到之前的除夕，才「金吾不禁」，讓百姓過年、玩玩賭錢遊戲。一年的其餘三百六十四天，仍然要抓「賭」的。「金吾」是維持治安的官。

民國肇建，親朋約個「牌局」：打幾圈「麻將」、鬥幾把「紙牌」，仍要小心。若讓街上的「巡警」察覺有那家聚賭，仍是很麻煩的！

不像在香港，因是資本主義社會，英國政府認為賭博不算犯法。入夜，住宅區街道左右公寓樓房就傳出嘩啦、嘩啦「炒麻將」的聲音，此起彼落、通宵達旦。大概每家都有一副「麻將牌」。戰前的中國並非家家都有。到底「麻將牌」是家庭賭具中最講究的一種。牌面都用象牙、用榫頭鑲在竹背上，張張外觀一律，看不出絲毫差別。大批製造全賴手工，選外觀絕無瑕疵的，湊成一百三十六張一副，然後在牙面雕刻圖案。三十六張「梭子」的四張「么梭」，面上刻的不是一隻「梭」而是一隻「麻雀」。大運河的南方終點：南通——全稱「南通州」，當地方言讀雀為「將」。因為他們稱「麻雀牌」為「麻將牌」，也帶著全國訛稱「麻雀牌」

為「麻將牌」了。可是「麻將牌」好像並非起源於南通。

小時在北京，父親公餘之暇都是由家中有麻將牌的同事約妥牌局去打牌。「打牌」變成「打麻將」的專用代名詞。自己家中，都是祖母輩、母親輩和來家過訪的親戚太太、姑娘們一起「鬥紙牌」。民初北京的「紙牌」背面全黑、正面白紙印黑線「萬子」、「餅子」、「梭子」圖案。一張「紙牌」約十六、七公厘寬、九公分長。天津紙牌叫「衛牌」——天津衛的牌，紙質略厚，色奶黃有亮光，約三公分寬、十二公分長、四圓角。背面印藍色細線「卍字不斷」圖案，正面的黑線圖案與北京黑色紙牌大同小異。兩種「紙牌」的玩法與「麻將牌」相同。因無「東南西北」風，又以「老千」、「紅人」、「花瓶」，代替「中」、「發」、「白」，所以張數是一百二十張。有人手上的十三張組合完成，「打麻將」叫「胡」了，「鬥紙牌」叫「滿」了。「打麻將」論「圈」，四圈四圈的預先約定。晚飯後如果約定打十二圈、十六圈，就要準備打通宵了。「鬥紙牌」沒這樣嚴密，同意再打幾「把」就打幾「把」。有一種叫「續鍋」，就是大家拿出一定錢數，放在牌桌一端，「滿」一把牌，商定從「鍋」裡拿多少錢，大家拿光再商量續不續。

「鬥紙牌」人數不一定。一張八仙匠桌圍著坐不下六個人。小孩子也要擠在上手和下手之間摻哄，不是抓錢玩、就是要東西吃，不然就是看了大人的一把牌、指指點點多說話，也是女眷居家樂趣之一。「打麻將」和「鬥紙牌」，可說本不是必在每年除夕才玩的民俗消遣。

真正具引人賭博興趣的賭具要算「骨牌」——很少不用牛骨製造的。牛骨便宜，所以「麻將牌」也多用牛骨代替象牙製造。只記得兩種玩「骨牌」的方法。一種是「推牌九」。由一人「坐莊」，他把三十二張「骨牌」按縱四張、橫八張排好。擲過兩個骰子看幾點，就數到那一張牌做第一張，把數過的移到後邊。然後把新排的第一、第二兩張扣住，算是「莊家」自己的，其餘依次給「押注」玩的人每人一張，由大家翻開看幾點，「莊家」也翻出自己的第一張比看。其後就與玩「撲克牌」的"show your hand"玩法一樣，「莊家」與「押注者」較量起來。想看底牌就要添錢「押注」，最後雙方同意不再添錢，亮出底牌，點大或名堂大者贏錢。這項玩法，「坐莊」的人贏的機會多。偷偷摸摸開「賭局」的人多數是玩「推牌九」，因為輸贏大、見輸贏也快。

「骨牌」上的點子和「骰子」上的點子相同，是從一到六。一點和四點是紅色，其餘是黑色，「骨牌」上也有用紅綠二色的。「骰子」上排法是一對六，二對五，三對四。「骨牌」正面排上下兩行點子。上行一點、下行一至六點共六種。上行兩點、下行二至六點共五種。上行三點、下行三至六點共四種。上行四點、下行四至六點共三種。上行五點、下行五至六點共二種。最後一張牌是上下各一個六點。這二十一種牌中有十一張算是「正牌」，其餘十張算是「雜牌」。「正牌」每種兩張、「雜牌」每種一張，總共三十二張是一副「骨牌」。每張都是用兩個「點子」拼成，都有各別綽號。只記得「一三」點叫「么鵝」、「一五」點和「一六」點叫「么五」和「么六」。「三三」點叫「長三」。「四六」點叫「錦屏」。「六六」點叫「大天」。比點數時，相同點數的兩張牌，「正牌」贏「雜牌」。《紅樓夢》第四十回末尾，寫鴛鴦行酒令，用的就是「骨牌」。

另外「頂牛」的玩法是：兩個人、四個人、八個人都可以玩。每人分同張數的牌。由一個人先出一張放在桌面上，如果大家看是「么五」，第二人如果用「么四」頂住，下家可以用有「四」或「五」的牌頂住。如果手上無可頂的牌就要扣一張，最後頂完大家手上的牌來算輸贏。「撲克牌」也有這種玩法。

在北京，賣糖葫蘆兒的和賣粽子的小販，到了年節和端午節拿「籤筒」和顧客賭。顧客抽籤，講好賭什麼名堂。顧客贏了白吃，輸了付錢吃不到東西。籤子是竹籤，如同打毛衣用的一樣，長約二十五、六公分，兩端尖圓。在下半部刻上「骨牌點子」，也合三十二張之數。籤筒是同玻璃杯一樣直徑的竹筒，底部蒙一塊紅綢。籤子放在筒裡，因手拿著搖動而顫抖，小販借此把籤子搖勻。顧客與小販談好抽什麼名堂，譬如抽：「真假五帶十八」。顧客一次抽出三支籤子，夾在左手指縫間。第四把抽四根，在大拇指和食指間握住。然後把第一把籤子拿出看點子。如果三根正好是：「么五」、「五五」、「四六」，就是「三個真五」算贏。或是「二三」、「五六」、「四五」是「假五」也贏。或索性三根籤子上六種點子加起來是「十八點」也贏。只有三種組合全沒有才算輸。如果遇到「五五」、「五六」、「六六」，那就叫「大滿貫」，小販怎樣賠法？不詳。第四把抽四根籤子，其中一根是「聽用」。

小時有一次看到小販的一筒籤子，露在筒上的籤頭是黑醬油色。問了他說：有一位大宅門兒的大少爺抽他的籤子，輸了好多錢，連一串糖葫蘆兒都沒吃到。大少爺說他籤子上有暗記。每當要抽某根籤子時，就被他抖開了，教大少爺抓不到。一氣，大少爺搶過三十二根籤子，跑到廚房，廚子正「炸肉丸」，順手把籤子上端往油鍋裡一炸，炸糊了，跑出來，在大門洞繼續跟他賭。據說「打麻將」也有人會認牌。

「打麻將」、「推牌九」都要用「骰子」起步。其實「骰子」也是「賭局」離不開的賭具。他們「擲骰子」用一個陶瓷大海碗，叫「骰盔子」，是上撇（碗口直徑大）下尖（碗足直徑小）型。賭錢的名堂有四、五種，用一個、兩個、三個、六個「骰子」都可以賭。「骰盔子」碗口大，避免把骰子擲到外邊。碗本身斜深，容易使「骰子」下滑。盔底小，可使擲出的「骰子」集中亮出點子來。如果擲不出什麼名堂，抓起來再擲，也容易一次抓起全部六個「骰子」。這可見老時代的中國物質文明對於器物細節早有深入研究。

玩「骰子」的名堂有一種「趕猴」。用三個「骰子」玩，擲出兩個相同、第三個定「猴」數來。譬如：一人擲出兩個「三點」，其餘一個還在翻輥，如果亮出來的是「四點」，就是「四猴」。別人擲出的比「四猴」小，這人就贏了。

據說中國民俗賭具中的「麻將」和「紙牌」，都是中國的發明，「骨牌」和「骰子」則傳自西域。無論如何，中國人只要能維持這些賭博仍在家庭範圍之內，做休閒娛樂看待，應無傷大雅。中國人千萬不可對「賭場」、「馬場」、「跑狗場」開禁商業賭博，更不可誤導「球賽」等運動項目走入賭博邪門，則中國之賭仍將是樸實無華的高尚民俗娛樂。

31.

中國藝術的龍

現代人既然挖得到古代恐龍的骸骨化石，自然中國人上古的祖先也挖得到龍骨。或許那時不用挖就可在野外看得到。也說不定他們還見過活龍哪！今天大家看到的壁虎、大蜥蜴和鱷魚其實就是龍的後代。看到我畫的這條龍，讀者中或有人要說獸類裡根本沒有這樣的龍。

這話不假，獸類裡確實沒有這樣的龍。不過說沒有也僅是一個「近似值」。因為這樣的龍是經過「人工演化」的結果，且又因師父傳徒弟的關係，一輩傳一輩下來，加進了許多「藝術化」的手法。先民具藝術天分的，起先是把看見過的真龍或龍骨畫在石壁上。沒見過實物的徒子徒孫便把揣想的成分也畫進去。那些外在和主觀的成分經摻進所畫的龍裡，再加藝術化，便形成我們今天常見的中國藝術的龍。

沒見過真龍只見過畫兒的先民，倒是也見過龍捲風的，於是以為那就是活龍活現。後來發現那只是一陣狂風，才給它命名為「龍捲風」。先民最初看到的是一條曲扭搖擺不定的黑色水柱自海面升起，與天上烏雲連接。在風雨交加之際，雷聲隆隆，電光閃閃。最後這條「活龍」不是消失在雲際，就是墜入海中，也便認定龍與天上的雲和地上的海有直接關係。如果這條龍正在海空盤旋時，恰好紅日初升或明月亮相被烏龍遮遮掩掩，先民自然聯想得到龍可以張口吞吐日月了。這也是國人善畫「二龍戲珠」的來源。

遇到同樣的龍捲風在陸上肆虐，便形成一個搖擺的砂柱。再遇當地忽遇雷雨，閃電可能擊中林中的枯木而著火，先民自然又認為龍能放火。風助火勢，龍的威風可大了。

這樣的一條龍經人工演化就成了大有威力的東西。它可以升天入海，呼風喚雨，水火也任意擺佈，張口發出雷聲，舞爪擊出閃電，翻雲覆雨，吞吐日月，使地上飛砂走石；火燒樹林時，攪得林中的走獸不得安生。先民的生活也不免受了影響，很自然的便降服在龍的腳下，拜牠為神明不可侵犯。過去聰明的帝王乃借此愚弄他們的子民而以真龍化身自居，用龍的威嚴統制天下。

歷代的畫家為迎合帝王的心理，故意把這條被曲解的龍「人性」化，而畫成人工演化又藝術化了的中國龍。有枝添葉的結果使中國藝術的龍有了：牛鼻、虎眼、獅口、狼牙、鹿角、鯉鬚、鷹爪、蟒身，陪襯著象徵日月的火球，混身冒著火舌，上天駕著祥雲，爪蹈海浪如履平地。使中國藝術的龍兼有威猛兇殘與祥和的雙重性格，造成大眾對龍之為物，產生又敬畏、又親和的矛盾心理。如今現代國人中有的真以為龍可以控制人生，則未免過愚。

學了美術的人會畫石膏像，不會畫姜太公釣魚；知道有恐龍，不會畫中國藝術的龍。歷朝歷代的皇帝都把自己譽為真龍天子；可是畫匠都把龍的後腿畫成前腿。無怪人說獸類裡根本沒有這樣的龍了！

傳統中國習俗把龍算作十二屬相之一，排行在辰。於是龍子、龍女便都被排在辰年出籠。筆者預備畫出一系列十二條龍，但願十二生肖全都屬龍，年年生小寶寶不是龍子，便是龍女。

壹樂77.10.10.

三碗不過崗

相信大家都知道「武松打虎」這個故事。那部《水滸》被譽為四大才子小說之一，描寫武松這個人物實在到家。可惜「五四」以後，追隨新文學的人走了崇洋的岔路。他們把寫小說的格調導入歐美文學的框架中，未免盲目過分。我們的文學界到現在為止，還沒見那一位小說家的寫作功力能與舊小說家等量齊觀的。《水滸》這部小說的故事內容固然處處涉及粗暴、野蠻、殘忍，又殺人不眨眼；但從全書有條不紊的敘述中仍可一窺描寫宋朝社會人情、公義和人性本善的一面。「武松打虎」的回段中就有人與人互相關心的精彩文筆。

武松歇腳的那家酒店挑著一個酒幌子，上頭寫著「三碗不過崗」五個大字。那是根據地方官府所發的榜文：

陽穀縣示
為景陽崗上新有大蟲傷害人命現今杖限各鄉里正並獵戶人等行捕未獲
如有過往客商人等可於巳午未結伴過崗其餘時辰單身者不許過崗恐傷
性命各宜知悉
政和××年××月××日

才亮出來的配合官府政令之作。店主說他賣的酒名叫「透瓶香」，也叫「出門倒」，定是酒精成分高的好酒。開酒店是做的生意，對顧客喝酒的安全也要負責。即或景陽崗上並無新來吊睛白額的大蟲出現，提醒酒客

「透瓶香」喝到三碗，人就「出門倒」，可不是鬧著玩的，也是「四海之內皆兄弟也」的一番愛心。

轉看我們目前的社會：大家好像衣食不愁，不論年紀大小都能到處吃香的喝辣的。那些路邊攤的零食傳不傳肝炎，須大家自治判斷不說，連未成年的坐下來就喝酒也沒人管。我們的煙酒公賣制度是延續政府在南京所定的政策：公賣煙酒，開闢財源。來到這裡只放眼在公賣收入這個不小的數目上，並沒利用「公賣」兼顧防範國民身心受害方面。美國在一九二幾年胡佛總統任期內，他們國會曾通過一項亙古以來全世界沒有過的「禁酒法案」，使美國人滴酒不沾好幾年。「禁酒法案」雖然並未執行多少日子；可是美國一向所堅持的「不准未成年人喝酒」的法令仍維持不變；政府對賣酒供客人零飲的餐館、酒廊管制很嚴，絕不准他們賣酒給青少年喝。現在是該我們真正為民族前途制法的時候了。法律能保障未成年的國民不受煙酒之害，才是民族之福。我們為人父母的也要學學美國：嚴格管教自己的孩子，不准他們沾上煙酒。

現在大家對不合法的壞事都沒人敢管，怕得罪人惹一身麻煩。兩三友好下了工逛逛夜市，走到路邊攤宵夜正好忘卻一天的疲勞，也是快樂的時光。先叫幾樣滷菜，順便來一瓶清酒。可是酒過三巡談得興高采烈，不免臉紅脖子粗，起先還只拍肩搭背的玩笑，其後血液裡酒精百分比漸漸升高，最後一定到達亂性的程度。好友中免不了有人口不擇言。一言不合，酒蓋著臉爭論起來。跟著摔筋砸杯，繼而大打出手。吃了眼前虧的心有未甘，順手抄起老闆切滷菜的刀回身便砍。這是全島每晚各處夜市常發生的友好酒後翻臉全武行（ㄒㄧㄥˊ），幾十年來死傷在這種衝突的青年恐以百計。樂極生悲，喪命在無照舞廳、地下賭場和近年來一窩蜂的東洋「無樂（ㄩㄝˋ）團」裡的尋樂青年恐怕更多。他們都是些才來到這個地球不到十幾，二、三十年的「新鮮人」，還沒把這場「世界電影」的劇情摸清楚就起身離座，不等劇終先行出場了！父母為他們付出的犧牲豈不白費?!

我國在北洋軍閥北京政府時代，北京各處茶館的白牆上都由老闆貼上「莫談國事」紅招貼，勸導茶客不談國家大事，以免發生爭執惹禍。到底扔了茶壺、摔了茶碗事小，茶客被軍閥的憲兵、警察抓了去事大。武松走進的酒店挑出「三碗不過崗」的酒幌子同是為顧客的安全著想。由此可知關心社會的安詳和彼此的安全古今一致。今天我們究竟應採什麼做法才能搶救青年不受煙酒之害，教他們在成材之前先保有一副健康的身心？這需要謀國者及時想出主意才好。等議堂裡的人消停下來再說就晚了！

筆者最愛聽一位歌星唱那首「不應該」。說不定路邊攤老闆遞過一瓶清酒時，也播放些「不應該」一類的「好歌」，就能和「三碗不過崗」酒幌子一樣：救人一命。

761210

龍年畫龍一樂也

童年時看到的龍形是造在錢幣正面的團龍。「一枚」和「二枚」單位的「銅板」（銅幣）都是用紫銅製造的。銀元的正面也造有團龍圖形，叫「龍洋」。民國肇建，袁世凱當政，把團龍改用袁世凱側像，抗戰勝利以後俗稱這種銀元為「袁大頭」。銀元重七錢二分，民國二十年前後一塊銀元可換四十吊銅板（一吊等於十枚銅板）。「龍洋」和銅板上的團龍都是同一設計，只大小不同。我畫的這幅「團龍」，就是回憶錢幣上的畫法。

團龍又名正龍，是從正面看的一條龍，盤成圓形圖案。正龍本是過去皇帝專用的標幟。皇帝穿的龍袍就用織著團龍圖案的緞子縫製。黃地藍龍或藍地黃龍都是明亮的配色。我國絲織技術發展得早，織造團龍圖案綢緞的本事早就登峰造極。清末民初用來鑄造「銅板」和「龍洋」的鋼模，恐怕不是我國工匠的手藝，一定是出自洋人造幣專家之手，內行人看得出來。

老時代的職業美術家都把龍的前後四肢畫成「互生」，確實沒見過把龍的前後左右四條腿畫成「對生」的。植物的枝葉分「互生」和「對生」；動物的四肢則全是「對生」，沒有「互生」的。我們在瓷器上、雕刻上、宮殿彩繪上所看到的龍，四肢都是「互生」的。北平紫禁城東路皇極殿前皇極門外的那座九龍壁上，九條龍的腿全是「互生」的，是這項誤解的代表作。再有一件怪事：老時代的藝人都把龍的後腿弄成前腿了。那都是中國藝術在師父傳徒弟的制度之下傳離了譜的結果。我為龍年畫的龍已開始把龍腿改成「對生」了，自然也把龍的後腿按脊椎動物的自然結構，畫成理所當然的後腿了。希望有心人不要稱我這項「改邪歸正」的舉動為「龍藝革命」才好，因為那是亙古以來龍的自然生態，非人力隨意妄為的。

邱吉爾老年時才學畫油畫兒。他說過：「學了畫畫兒，才能看見從前沒看見的。」我自從畫過那張北海公園的「九龍壁」大幅之後，才看清龍身從頭到尾的全部細節。許多細節中以龍的鱗最難畫。專畫金魚、鯉魚的畫家都是在魚身上先打好菱形格子，然後再用弧線依菱形方位一片一片畫出魚鱗。魚到底身長有限。龍身如蛇，且又彎曲扭轉，畫魚鱗的菱形格子無法適用。畫龍鱗自然也需打格子，不過說打座標還理智些。其中橫座標線約有五行，順著龍身長向，全是彎曲的流線；縱座標則自脊背到龍腹。頭到尾有多少行，鱗就需畫多少縱座標線。魚是日常可見的東西。畫家不得不把魚鱗畫整齊，否則就失真了。畫龍的人則懶得費事。又沒人見過真龍，畫鱗不必太認真。畫界有一句話說：畫人最難，畫鬼最容易。

可是我畫龍時，當牠是真的。不論取角度和姿勢都拿這條龍當做脊椎動物看待。龍的鱗、腿、爪自不必說，只看那個火球冒的火苗，老時代藝術家已把牠畫得與觀察日珥活動的記錄影片如出一轍。火球冒的火苗又與龍身上纏著的火舌畫法不同。火舌尚有這個象形國字「火」的影子。所以說這個藝術化了的龍由老時代畫家創作出來，仍與真實細節不脫節。其中許多藝術化的手法，則應歸功於歷朝歷代的中國藝術家多年的心血結晶。他們都是職業美術家：畫像的、畫壁畫的、畫建築蘇式彩繪的、畫古典小說繡像的，使屬於純中國文化的藝術傳習延續。絕非我國「正莊藝術」（或稱「官方藝術」）所能替代。可惜這類純「中國藝術」現在反被貶入「民間藝術」一格，而所謂「民間」也者，就指的是「中國本土社會」！真教人慨嘆！

龍年畫龍一樂也。龍年而迷信起來便要自討苦吃，不是奔向已開發國家的國民應有的觀念。現在中國正走向已開發國家的路上，學校的美術課不應只教學生面對希臘石膏像，畫鷹鼻鷂眼的素描，也應教教怎樣畫中國藝術的龍。

八駿圖

馬上就做　馬到成功

寫應時文章總覺得有些彆扭。畫應時畫兒也不免肉麻。這不是違心之論，更不是有意離群，自鳴清高想免俗。實在是生來腦筋比識者動得慢，應起時來等於被趕鴨子。提起咱們中國人的舊俗，倒奉勸朋友們不可太認真。自從古時的玄學家創作那十二個「屬相」之後，有些太認真的人就陷入自己的「屬相」中而不能自拔。往好的方面想，有人因「屬相」而飛黃騰達「抖起來啦」。往壞的方面想，使人自怨自艾，誤了自己或別人的一生。把「屬相」看做大家隨俗的情趣是無傷大雅的事。龍年才過去不久，大家應該可以把這類迷信看淡些了。湊趣的藝術家逢什麼年就畫什麼。現在馬年來了，畫馬仍不失為一樂。看的人亦一樂也！

現在會畫馬的畫家真多，會畫驢的則只有大陸畫家黃冑一人，至於會畫騾子的尚未之見。恐怕古今都沒有人因愛畫騾子出了名的，那是國人一向崇拜功利的結果。如果有人畫馬，看來像驢，那他就乾脆說畫的是「騾子」，如果有人畫驢，可是看來像馬，那他就把難得一見的「驢騾兒」亮在紙上了。紙上的「驢騾兒」說不定還能與走了版的郵票、鈔票一樣在禮品店爭些風光哪！

現在隨文亮給大家看的這幅馬年的「馬畫兒」，是筆者看了許多畫家出名的馬，不免手癢才畫的應時畫兒。大家看牠像「騾子」也好，像「驢騾兒」也好，全憑個人的觀點判斷。或許有人尚不知「騾子」與「驢騾兒」的分別，則容稍加解釋以明究竟。

凡是公驢和母馬交配而生的叫「騾子」，牠身高體壯、力大健康有用。如是公馬和母驢交配而生的就是「驢騾兒」，牠身小體弱、乏力多病無用。不過所謂「公驢」，並非供人騎著去逛妙峰山、檀柘寺的「小毛驢兒」那種；乃是一種身軀本就高大的「大叫驢」。不用「大叫驢」與母馬交配，也生不出有用的「騾子」。這裡順便一提：我國的動物園都管非洲來的那種花馬叫「斑馬」。那根本就不是「馬」，看像「騾子」，其實都是「驢」。牠們身上的圖案也不叫「斑」，只有豹身上的圖案才叫「斑」。那些「斑馬」應該「馬上」正名叫「紋驢」，表示牠們本是身上有「條紋」的「驢」。馬的耳短、頸鬃長、尾鬃更長、自距尾根不遠處長起、蹄大、掌下寬、聲嘶。驢的耳長、頸鬃短（好像有人替牠們剪過）、尾鬃聚在尾梢而短、蹄小、掌不寬、公的叫起來如吹大號筒。

馬、騾、驢都是人類好友。尤其馬對人的功勞最大；所以人對馬特別偏愛。馬是人類最早的快速力大的交通工具。在工業革命（有了機器）之前，人先騎馬代步，飛馳辦事。且自古以來，馬就被人用做戰馬，由人騎著衝鋒陷陣，馳騁戰場。後來發明了「轂轆」（車輪），人又用馬拉車，也用馬拉戰車，到人類有了鋼鐵，利用機械造出各種有動力的車輛，最後並發明了飛機，馬服務於人類的工作便只限於少數供人騎和馬車了。目前除有些畜牧民族仍依賴馬群為生之外，馬可說過的全是退休的日子。

諸如伴著人打球、賽跑、賽車、跳障礙物等等。甚至受愛馬的人嬌生慣養，加以訓練，參加各種表演藝術行列，以至作「健美」表演比賽。馬混到今天可謂已成家畜中的天之驕子。造物者應該對人類這項「德政」點頭認可：「你們今天算是了解一些我創造萬物的目的啦！」

上面說馬也參加「健美」比賽。地球上的許多飛禽走獸大多數都是又健又美的。飛禽的美在牠們的外形和羽毛，健的部分則全被美遮住了。非洲的羚羊，健和美的條件俱備；只是過於纖巧。走獸中只有馬是身材高大又健美的。畫家愛畫馬，雕塑家也最愛以馬做他們雕塑的對象。

馬本是大草原上奔馳成長的獸類。在大草原上得到大自然的營養和鍛鍊身軀的環境。因此馬的骨骼和肌肉都能發育到完美程度。而且牠們是一個「全民體育」的族類。成千上萬大群的馬，不論牡牝，都有相同標準的體格。與牠們今天的「體育」成果相比，人類的「體育」成績似乎有了問題。請看，人類為了「體育」競賽，竟訓練出了「拳擊手」和一身「肌肉」的「健美先生和小姐」！筆者個人認為那是人類在提倡「體育」的過程中所迤出的岔路。「拳擊手」的「健」已超過一個人的均衡需要。「健美先生和小姐」的「健」也早超出造成「人」的條件，並且破壞了一個「女人」的美。「拳擊手」的訓練目的在「力」，不在「美」。「健美先生和小姐」的「健」也不是他們本分內的。至於「美」，大多數觀者恐怕都看不出來。馬的健美則不然。「健」是馬的必需，「美」是馬的自然現象。

其實馬的健美是從「力」而來。以機械角度觀察，馬的「力」是出於骨骼和肌肉的巧妙安排。有了合乎機械安排的骨骼，加上勻稱且必要的肌肉配置，馬才能發揮出來「力」所表現的體能、動作和姿態。所以馬的立姿、跑姿和跳姿無一不美，都值得藝術家用靜止的畫兒和雕塑抓住。藝術家真不愧為挖掘地球上的美才誕生的。沒有藝術家那「兩把刷子」，平常人很難體會出馬那種不加造作的健美來。

馬年畫馬，馬年說馬，不可不說一句吉祥話給馬年湊湊熱鬧：

馬上就做，馬到成功！

77.01.08

畫龍談曆

一晃又見龍年。這一晃表示等於十二年。十二的來源是起因月亮在一年中轉地球約十二次，中國人便與十二結了不解緣。到底人是雙手共十指，逃不出數目以十進位這個規律。有人說英國人的祖先手都是「六指」的，所以他們日常使用的數目多半以十二進位。這是幽英國人一默。我們中國人的祖先用十個字排成次序，叫做天干：甲乙丙丁戊己庚辛壬癸；又用十二個字排成次序，叫做地支：子丑寅卯辰巳午未申酉戌亥。然後把天干與地支組合起來，得出它們的最小公倍數：六十。用這個組合法編年號，便產生六十年一個甲子的週期。今年這個龍年排在戊辰。要待六十年之後才能再見戊辰的龍年。

有了十二地支，便又定了十二屬相（生肖）。文人術士排列的是：子鼠、丑牛、寅虎、卯兔、辰龍、巳蛇、午馬、未羊、申猴、酉雞、戌狗、亥豬。小時候聽大人說這些屬相，小孩子便大聲笑說：「拉五匹馬去餵羊。只許狗害豬，不許豬害狗。」大人只說我們太頑皮。實在說來，先民搞這類文字遊戲真教後代莫名其妙。那些起源和解釋現在也不具意義，只是中華民族的歷史文明遺跡而已。直到今天仍有文人雅士題字作畫依舊用什麼「辛亥年」、「庚子年」、「戊戌年」等等來標年月，教人無法推算他們到底是何朝何代寫作的。是否有意提醒國人注意近代史？只有向題字作畫者請教了。

中國曆法是算月轉地球記年，世界公曆是按地球轉太陽記年。我們把一年之始與一年的四季配合起來。整整齊齊一年含四季，從春季開始。不像公曆把冬季分割得不零不整。每個新年不由新春復始，那算什麼新年？

帝王時代，每年由皇帝頒佈明年的曆書，稱為皇曆。那是由欽天監計算訂定的。內容第一頁總是一幅春耕圖。上面畫著牛童牽一頭水牛。從正月起「月欄」下必有一個九格的表，填入紅黃綠青藍紫和三個白字。據說從計算得知每月填入這九個字的次序。如果某月有三個白字出現在下排三格，叫做「三白落地」，就表示是雨水多的月份。農人當然要用這種資料靠天吃飯。皇帝既然自命為真龍天子，龍又有威力造出天上的雲，因而控制落在地上的雨，皇帝由衷關心百姓的農耕收成乃是順應天理的事，否則他那龍的角色算是白演了。

「皇曆」上的資料最直接影響百姓日常生活的是「每日欄」下面注的那些話。據說也是用天干地支推算出來的。諸如：宜出遊、宜遠行、宜遷徙、宜動土、宜沐浴、宜嫁娶等等；反之就列出許多不宜的事情。最妙的要算「諸事不宜」和遇有人生病，在某日之下告訴病家「朝東南三拜大吉」種種笑話了。皇帝這個龍關心農耕的旱潦，他頒佈的曆書上告訴百姓那日宜什麼，不宜什麼，百姓那有不遵從的道理?!這樣一來，百姓就真的被皇帝控制住了而失去生活的自由，一切惟皇帝的意願是從。

我們現在生活在民主時代，不受龍的直接和間接控制；也知道農耕所遭遇的旱潦與天上的龍和地上的龍都沒關聯。那是大自然天氣變化的結果。只要人為的氣象預測技術不斷進步，就可做出種種未雨綢繆之計。氣象預測技術既是事在人為，人的生活規範也是由人自己制定的。制定出來的規範是對是錯，人就須自己對自己負責，不能依靠別人，也不能埋怨別人。這就論到人能否自制和自治的問題。我們已脫離了龍的掌握，大家真能自制和自治嗎？這是目前亟須國人省思的課題。

第二輯

北京遐思

北京王府探幽圖

北京王府探幽

去年仲秋北京探親，住進了王府飯店。

原本，家住「王府井大街」最北段；在「東四牌樓西大街」──又叫「豬市大街」之南，「金魚胡同（音ㄊㄨㄥˋ）」之北。這段「王府井大街」包括「丁字街」、「八面槽」，最北段又叫「馬市大街」。南行出了「王府井大街」南口就與東西向的「東長安街」十字交叉。穿越十字路口繼續南行，原來的「王府大街」就進入「使館區」，改叫「臺基廠」，與「東交民巷」丁字相會。

這裡說原來的「王府大街」，是當明朝皇帝朱棣建都北京時，在永樂十五年（西元一四一七年）選定「東安門」東南一帶建十座王府；因此命名位於「皇城」以東的這條南北向長街為「王府大街」。後來在最南那段還建過三座公主府，鄰近元朝處理柴薪和蘆葦的「臺基廠」。幾百年下來，北京人都管那段「王府大街」叫「臺基廠」。這塊建十王府的西邊地區有兩條胡同，各有一口井，以水質甘洌出名，一條叫「大甜水井胡同」，一條叫「小甜水井胡同」。因為屬十王府用的井，公稱「王府井」。其後大家順口溜才把整條「王府大街」，訛稱之為「王府井大街」。

許多「老北京」不論在北京住過多少世代，尤其住在「王府井大街」附近的，從來沒人談過十王府是怎麼一回事。靠「王府井大街」住家確實得天獨厚。這條大街是繼「東交民巷」、「東長安街」之後最早鋪柏油路面的馬路。因街的南端直達「東交民巷」——「使館區」的心臟，街左右店鋪都做洋人生意，許多鋪面早就時興英文招牌。路東與「金魚胡同」西口路南把角有出名的「東安市場」。「金魚胡同」東口路南，與「東單（牌樓）北大街」路西把角是「青年會」，曾利用自設的「大禮堂」演電影，擴充成「光陸電影院」。那時是北京第一家上映有聲電影。「王府井大街」上在民國十一、二年還開了一家「一五一公司」，大有美國「一角五分店」的風味。裡面擺滿了玻璃貨櫥，是北京第一家僱用穿制服的女郎站在貨櫥後售貨的「洋式店鋪」。那時「東長安街」裡的洋人社會還給「王府井大街」起了一個英文街名，叫Morrison Street。據說是紀念最早來北京傳教的一位牧師。

俗語說：無巧不成書。那次在北京住的是「王府飯店」。飯店命名「王府」，可並不開在「王府大街」上，而設在「金魚胡同」坐南朝北（路北尚有另兩家飯店：和平飯店、臺灣飯店）。地基就是街東口「青年會」拆除後的原址偏西。住「王府」逛「東安市場」很方便。走出街西口，穿越「王府井大街」的馬路，正對「金魚胡同」的是「東安門大街」。「東安門」是原來「皇城」的東門。「皇城」是「北京城」、「皇城」、「紫禁城」大小三層「圈圈」的「中圈圈」。「皇城」牆和「三座門」式的「東安門」都在北京政府時代的北洋軍閥手中拆除了。有「皇城」牆的時代，從「東安門」沿城牆外往南行，那條路叫「十王府夾道」，是

《舊都文物略》（臺北故宮博物院出版）中所刊〈北平市地圖〉上惟一的街道標出「十王府」三個字的地名。

北京街道地名慣例中有許多命名「東皇城根兒」、「哈達門東城根兒」一類的稱法。這處「十王府夾道」不叫「東安門南城根兒」，可見路的東邊是十王府其中幾座王府的一排高牆，東西被兩面高牆夾成窄路，才命名為「夾道」的。這段「皇城」牆構成的「十王府夾道」是「王府井大街」西面「十王府地區」的西界。不但有兩口「王府井」做證，還有幾條胡同名為「霞公府」、「阮府胡同」的。據說「霞公府」、「阮府」都是明朝的王府名稱。這是「王府井大街」西邊的「十王府地區」。

「王府飯店」所備的信紙、信封、明信片、簡介等等，有的把飯店地址印成「王府井大街」，有的印成「東單北大街」，沒有一處提到「金魚胡同」。初見這地址寫法確覺奇怪。後來發現「王府飯店」所坐落的地區南界「東長安街」，北臨「金魚胡同」，東界就是「東單北大街」，西界「王府井大街」。這塊地面積有西邊那塊的一倍半有奇。其中有胡同叫「帥府園」，有一座清朝的「豫王府」，還有清朝大官住過的府第。可見與西邊那塊地區正好合成整塊「東安門東南建十王府」地區的條件。無怪住進「王府飯店」之後就從九樓大玻璃窗看到了一些「十王府」的蛛絲馬跡。

有一天站在西向的大玻璃窗旁，無意中看到窗下的那座老房有大型府第的氣派。北面是「正房」三間，「硬山」牆外左右「耳房」各兩間；左右東西「廂房」各三間；南房是前一進的「正房」五間，「硬山」牆外左右「耳房」各一間；構成四四方方，後一進「四合院兒」。想當初前一進院落自然也配置著東西「廂房」和南房，且應是這座府第的主人翁所住的主體院落。各院落也應有「穿廊」、「遊廊」、「屏門」、「垂花門」一類附屬建築。可惜全沒見著，代替的是許多不中不西的「違章建築」。現存的「正房」、「廂房」都有「前廊」，全用青「筒瓦」和「板瓦」蓋頂。「硬山」上都砌著「箍頭脊」。「簷瓦」雖然難得看清，想像中應該用的是青「瓦當」和「滴水」。在帝王治下，不准人民用「筒瓦」蓋房，只准用「板瓦」。那時寺廟多屬皇帝勅建，准用「筒瓦」和裝飾用的「脊獸」。

由此斷定這是一處「王府」等級的建築，不是一般民居。

那次不看則已，一看發現豈止僅此一處「王府」，一連西鄰還有另兩座更高等級的建築。那第二座是用青「筒瓦」和「板瓦」蓋頂，還鑲綠琉璃的「正脊」、「垂脊」、「脊獸」和「簷瓦」。現存老房有：前一進院落的南房三間和北房五間。北房後面的院落只剩東西「廂房」各三間。那時代不准人民用「筒瓦」，更不准用各色「琉璃瓦」。各處「脊」上也不准用琉璃「脊獸」作裝飾。這第二座府第如果不是王府，就是寺廟。

細看最西那座各個建築細節確與王府有別。經查《光緒順天府志》有記載說怡賢親王故邸在「帥府園」。或許這「帥府」也是明朝「十王府」之一。乾隆二十年（西元一七五六年）把王邸遷至「冰盞兒胡同」。後來怡賢親王捨地為寺，賜名「賢良寺」。復查《舊都文物略》：「冰盞兒胡同」就是這三座大型庭院大門面臨的街。這「賢良寺」的遺蹟現存：一座「歇山宮殿」式的「正殿」、東西二「長廡」和一座「硬山宮殿」式「南殿」。這兩座殿和東西「長廡」都用綠琉璃「筒瓦」和「板瓦」蓋頂，也有「正吻」、「正脊」、「垂脊」、「戧脊」、「脊獸」、「瓦當」、「滴水」等等全套中國宮殿式建築應具備的「名件」。

這一連三座大型庭院建築的第一座目前是政府單位。清晨有十幾個人從「金魚胡同」方向進來上班。每天大家先放好自行車，然後由一個人帶頭一起做早操。如果確是「王府」，可見「冰盞兒胡同」的府門現在已封閉不用。西鄰稍遠的兩座琉璃瓦建築現在用做小學校，有小學生活動。好像學校大門在「冰盞兒胡同」。所謂「冰盞兒」是北京夏天賣「酸梅湯」的人用的「喚子」。入了盛夏，許多「南貨鋪」（又叫「乾果子鋪」）就把賣「酸梅湯」所用的傢伙擺在鋪面前，小徒弟手拿兩個用「響銅」精製的小碗，一上一下，用手指稍加間隔，借抖動的手擊出「叮咋、叮咋、叮叮咋」的節奏樂音，表示「酸梅湯」上市。這項賣「酸梅湯」時所用的「喚子」就叫做「冰盞兒」。不過《舊都文物略》上刊出的地圖標成「冰碴胡同」。那又是一項北京人把地名以訛傳訛的例子。

「王府井大街」東邊的這塊十王府建地上的清朝「豫王府」，是一座爵位高的王府。有可能也是明朝十王府原址之一。清末為美國「煤油大王」洛克非勒買去，改建成中國第一座「外中內西」的鋼筋水泥、綠琉璃瓦頂中國宮殿建築，開辦協和醫院和協和醫科大學，為中國人服務。按原計畫，洛克非勒要在中國每處大城市開辦一座大醫院。可惜當時中外種種阻礙，使計畫中斷。在「王府飯店」大玻璃窗向偏南望去，還沒看到協和醫院的綠琉璃瓦頂，大概被後建的許多高樓擋住了。明朝建十王府時，也說共建屋八千三百五十間。當時既不是建高樓的時代，「王府井大街」東西兩邊的這兩塊基地，每座王府要分配八百多間房屋，真無法想像怎樣佈局。

目前北京市有專門研究北京歷史的單位和學者。希望他們能把「十王府探幽」也納入研究題材，總比我們在臺灣「隔靴搔癢」要方便得多。寫這篇拙文和畫這幀「北京王府探幽圖」時，心中非常了解「王府飯店」選擇地址和命名「王府」的巧思。原來他們印的兩種飯店地址就是「在東安門外東南建十王府」地址的「再版」！

1990.12.1.
於北京珠市口。

修身如執玉
積德勝遺金

北京「四合院兒」別來無恙？

北京過去是七百年的帝王之都，也做過民國的國都，是全國人文薈萃的大城市。在明朝第二任皇帝朱棣（崩謚成祖）的一代，用了十四年工夫把北京建設成當時全世界的第一大京城。皇帝治國和起居用的是宮殿，王侯住的是大府第，百姓住的是民房，貴賤等級制度分明。但無一不是木匠、瓦匠師父傳授徒弟的中國建築藝術、技術和規矩的傑作。朱棣在十五世紀為北京做的「都市計畫」，中國人都應以自豪。那時歐洲還不知什麼叫「都市計畫」哪！

北京是「中國建築博物館」，到處可見中國建築的藝術精品。大陸經歷社會轉型，幸好許多精緻的「四合院兒」尚未淪為淘汰之列。闊別北京城五十五年重返故鄉，只從許多「四合院兒」住宅的街景上看，就知道積幾千年的中國文化不是只靠幾十年的革命可以推翻的。

車經哈達門外，右轉珠市口。街面比王府井大街略窄。行人、腳踏車、汽車互相交錯則有過之。左右兩邊民房的簷瓦和山牆仍是「七七抗戰」前的模樣。一壠一壠的板瓦從上面「清水脊」到房簷，如同才砌好的一樣，壘縫沒動。房簷上排成一道線的簷瓦是加了「花邊」的板瓦，叫「花邊瓦」。做陽瓦「瓦當」用，尚須加製「當板」完成。「瓦當」的「花邊」上揚。「滴水」的「花邊」下垂。路南、路北那麼多「四合院兒」的大門全是「如意門」格式。

那些「如意門」有整間「面闊」的，也有半間的。朝向街面的大門開當尺寸仍守同一標準。中國建築藝術上有「標準尺寸」之制，不能不歸功於距今一千一百年前，宋朝第七任皇帝趙煦（崩謚哲宗）的功勞。他曾任命李誡編修一部《營造法式》，把歷朝歷代的建造工程官書中各項規定，劃一成標準的建築法規。從那時起，經營建造工程的木匠、瓦匠，以及從事建築材料的人，都有了統一的建造規範。可以說中國在距今一千一百年前就有了政府頒訂的「建築法規」，管理營造事務。

住房街門有了標準尺寸，把新娘子坐的花轎轎頂摘下，順利通過左右門框。然後對著堂屋的正門，讓她下轎而不被轎外喜棚裡滿座親友看見。門的標準尺寸只是中國建築受《營造法式》傳下來的影響之一。木匠、瓦匠老師父承包工程，上自紫禁城裡的宮殿，下至一般民房，一樑一柱的尺寸莫不延續《營造法式》的精神而遵守行規。

自從「五四運動」之後，一時「洋學生」以為西洋的才是好的，中國的全應淘汰。學建築工程的也學的是「洋建築工程」，自然對「中國建築工程和藝術」是不屑一顧的了。卻未料，洋人反認為「中國建築」是值得欽佩的學術。洋建築師在清末民初曾建造過協和醫院和國立北平圖書館，都是一色綠琉璃瓦蓋頂、「外中內洋」的中國宮殿式摩登高樓大廈。民國十五、六年，北洋軍閥張宗昌買了北京鐵獅子胡同的蒙古貝勒府，開工整建。後來他威風不再，付不出工程費，工地鐵柵欄門深鎖，宣告中途停工。鐵門上掛著英文封牌，居然是由一位洋建築師出面保障權益之作。從這三處所示範的「鋼筋水泥」大型中國宮殿和園庭建築的設計建造工程特例可以看出：「五四運動」之後，中國人把自己的優秀文化拋棄，拾起洋學，沒有自知之明的程度。洋人反倒撿起「中學為體，西學為用」的招牌，把垂死的中國建築藝術重新提倡起來。寫到這裡，也想到不可把有心的國人全部抹殺。

曾在北京政府組過內閣的朱啟鈐氏是使中國建築藝術起死回生的大功臣。是他有一年在上海發現的宋朝原本《營造法式》。後來再由梁啟超之子梁思成和他太太林徽因一同把「中國建築」這門學問正式發展到中國文化的學術界。

過去中國迷信玄學。往往把不求甚解的自然界現象或道理按玄學思路解釋，奉為金科玉律，迷惑大眾。以前文所提的「如意門」為例，由玄學發展出來的「風水地理」，認為「青龍」主吉，與「白虎」主凶是相對名詞。一座坐北朝南的「四合院兒」，基地的東南角設大門，踞「青龍」穴脈，稱「青龍門」；西南角上的稱「白虎門」。因此在珠市口路南、路北看見的那些「四合院兒」沒有一座不是開「青龍門」的，都設在自家基地的左前方。也因此北京舊市區的「四合院兒」都是一進「大門」，迎面是一座「影壁」——那是「迎」讀「隱」聲，教一個「影」字涵意雙關：一方面「迎」客，另方面把在佈局上難加處理的用「影壁」隱起來，不讓來客看見。然後向左轉，過一道「屏門」前行，左手是南房叫「倒座」，右手是「垂花門」，就是「二門」。從前都說深宅大院的大姑娘：「大門不出，二門不邁。」就指的是這兩道門。

穿過「垂花門」才進入「內院」。兩旁是「東、西廂房」，正面北房是「正房」。大些的「內院」，「正房」可建成五間，「一明四暗」。那是正中「堂屋」，左右是「次間」，最外是「梢間」。「正房」兩端「山牆」之外可以各建一、兩間小房叫「耳房」，也叫「套間」。「山牆」上開門與「套間」相通。「耳房」由「廂房」的「山牆」和一道「屏門」隔成一個小院落，別有天地。這樣的「四合院兒」如果再加一進院落就與我的老家「西院」差不多了。記得「西院」二進院落之後還有「後院」，栽著三棵棗樹。

北京老家在「黃土坑」二號。當年一位駐比國公使買了胡同底一座舊宅，改建紅磚大洋樓，把「黃土坑」改名「黃圖崗」，為的是取個吉利。「黃圖崗」二號大門被現在的房主封閉了，與原有兩間南房改建成三間，再在原來的西牆開一個小型「花牆子門」。原來的三間正房仍在。我出生在正房的西屋（西梢間）。那時全家有祖父母、二叔、二祖父母、三叔和我們兄、弟、妹三人和父母十一口人。另有半間傭人房。

曾祖父母在世時，有未出嫁的「祖姑」三人，全家住在「西院」，傭人也多。我們父母結婚時，就搬到這二號來，曾祖父母仍留在「西院」。「西院」是我家在「黃土坑」一共十處房產中最大的一處。曾祖父母起居在「西院」正房，把其餘的房子分租給小戶人家。「西院」就真正成了「大雜院兒」。兒時在「頂櫃」的抽屜裡見過許多「摺子」，那是九處房子出租的「租約」。在北京就管這類房東叫「吃瓦片兒的」。如果趕上中共政權不掃地出門才怪。

曾祖父母先後去世。不久，祖父與二祖父分家。祖父帶著我們這一支搬到中剪子巷二十七號，那時我還沒上小學。這次到北京把住過的四處房都「觀光」了一趟。其餘三處都與「黃圖崗」二號一樣：面目全非！

喜樂79.10.31.

未見青天白日

匆忙上路，在毫無準備之下到了北京。停了七天沒看見蔚藍的青天掛著白日。從早晨到黃昏，天是一片灰色，太陽是渾黃的。在臺北無雲的晴天，天空是藍色下面遮著一層薄紗。那是海島氣候水氣多的現象。時常與兒時北京的天空做比較，希望再藍一些就與北京的青天一樣了。北京的天空每到金秋季節，總是藍得像藍墨水；現在站在飯店玻璃窗裡面沒看見。外面的景色全被北京灰色污染給湮沒了。左邊看不見天安門，右邊看不見北海小白塔。北京到處是燒煤的細高煙囪冒著不同色彩的煤煙，把遠近的一切全遮得矇矓不清，污染程度可與黃昏的臺北媲美。

當時飛到首都機場，乘車開上機場路，兩邊綠樹層層排到東直門大橋。進入舊市區，不論新街舊街，馬路兩旁都種了成排的槐樹，黑黑的樹幹非常整齊。那是兒時沒有的。上面枝葉茂密，樹葉入秋雖稍稀疏，但仍把天光遮得街面昏暗。馬路靠邊是左來右往不絕的大群自行車，中間來去雙線是汽車，夾著無軌電車（電聯公車）。左右店面都是洋式，舊式裝潢的舖面很難找到。店面前人行道是從前的人行道和走大敞車的土道合闢而成，所以很寬。上面放滿了大批自行車，也可以放汽車。更值深秋大白菜豐收，用大卡車從鄉下運來，把人行道堆成許多座綠色小山。整個街面——從左邊店面到右邊店面全是人、自行車、大白菜、無軌電車和汽車交織而成的擁擠又慢動作的場面。因為天色暗淡，便造成眼前的一切都呈現黑灰藍的色彩，只有「白菜山」是翠綠色。

汽車一路經齊化門、東四牌樓，往南開向東單牌樓北大街。所經之處，郊外（原舊市區城牆外）是群樓高聳，市區（原城牆內舊街）是舊建築夾雜著新建築。舊街道借新建築拓寬。這樣的北京是舊的極舊，新的極新。兩個極端相差幾個世紀？很難說。例如：第一流的大飯店，住的全是外來客，一切享受也是世界水準，花費按美元標準計算。飯店裡外所用建材也是二十一世紀第一流。在車窗裡向外看，則仍有經幾百年砌牆用過，已經磨圓了的「磚頭」所砌的舊牆。那類房屋少說也有三、四百年的歲數了。忽新忽舊教「老北京」無法理解。

也步行過幾處五十五年前常走的大街小巷。東四、西單、鼓樓前……大小百貨公司一家接一家，全是「國營」。大的極大，小的極小。裡面一律燈光昏暗，貨架、貨櫥堆滿了黑灰藍的國貨。售貨員都穿深藍制服。以北京出名的東安市場為例，五十多年前的是中間背對背兩行攤販，各面對一排店舖。所以每條建築之內有兩行走道。現在全是一般百貨公司亮貨的格局。到底名稱是「市場」，「亮麗」二字還不能用來形容北京的百貨公司。

東安市場在金魚胡同的側門斜對面有一家一間屋的個體戶，只賣牛肉麵和幾種簡單小菜。進門地上是油水泥踩成的黑色。簡陋的方桌，配幾把圓座破爛鐵凳子。牛肉麵是兩塊人民幣一碗。端上來一看：不到二十公分直徑的碗，盛白水泡著的麵條，連蔥花、油花都沒有。用筷子一挑，碗底有幾粒牛肉碎渣子。這就叫「牛肉麵」，比「陽春麵」略勝一籌。吃到嘴裡，麵條是半生的。也有兩位灰頭土臉，身穿污濁風衣的人進來要牛肉麵。聽見他們關照店員說：「糧票不夠用再貼錢。現在胃口不合適，要多煮一煮。」可見是常客。這家個體戶與我們住的大飯店在同一條胡同裡。大飯店是人間天堂，自助早餐一客要外匯券六十一元，合十二美元，含服務費百分之十五，等於一般人半月工資。這兩種世界竟能會合在一起。不知當地靠服務吃飯的勞工想法如何？

十月三十一日英文報刊出中共政府正式公佈：全國人口調查，總人口共十一億六千萬零一萬七千三百八十一人；每年增加一千七百萬，等於每年多添一個臺灣。十一月二日報紙又刊出：新疆再發現新油田，儲量在十二億噸之數。大陸地大、物博、人多。不自己害自己，應該前途非常光明。我這五十五年後第一次回家的人盼望所見各種灰色是一時的環境污染，不至於傷到中華民族的根基。

爬長城、下定陵那天，居然艷陽高照，真正嚐到金秋送爽的滋味。人與人之間的無形隔膜消失，大群遊人互相有說有笑。可惜從頤和園回程時，路上老遠望見一座高大騎士銅像。頗似歐美各國典型崇拜英雄之作，座騎且是三蹄落地，左前腿高抬的姿勢。車開到銅像右前方，向左回頭一看，銅像花崗岩基座上赫然刻著「李自成」三個大紅字！

人與人的眼光不同：有人看白是灰，有人看黑是紅！希望總有一天北京人撥開污染重見正午的白日掛在蔚藍的青天上。

741201

八仙桌的文化

中國的「道教」完全是從「玄學」發展而成的。所謂「玄學」就是全憑空想、假想的虛構而來。其後有了老子李耳，一幫搞「玄學」的人就拉住他、拜為「道教」的始祖。那是老子生年未曾夢想的事，等於強迫中獎。「道教」中有所謂「八仙」之說。他們把八個人按品德、行為等等高舉列入八位「仙人」的等級，世稱「八仙」。恰好也為魯班的徒弟們設計製造的一種中國人惟一的工作檯，借此命名為「八仙桌」。

那是一檯四四方方、四角桌腿落地的桌子。中國人的日常活動都可以在這個「八仙桌」上舉行。舉凡讀書、寫字、作畫、吃飯、宴會、會客、品茶、議事和各項雜務都可以用「八仙桌」處理，也是大家打牌時用的標準「牌桌」。「八仙桌」的大小好像全國的木匠師父都有一定之規。全按四邊各坐二人的尺寸設計的。坐滿一共八人，因此命名為「八仙桌」。

「八仙桌」的高度好像也與現代「人體工學」原則不謀而合。幾千年下來，師父教徒弟一直承傳不斷。桌面應是四尺見方，但是不知是否用的「營造尺」。以「營造尺」折合得一公尺二公寸八公分。四條桌腿鑲在桌面結構下面四角，仍要用橫撐拉住才能穩定不搖。可是人坐上杌凳、雙腿伸向桌面下方，有被橫撐壓住的問題。木匠師父也做出弓形橫撐，給雙腿一個寬裕的空間。這類機變的頭腦，我們身為「不肖後代」都不願動腦筋，遇到日常用品有不方便時，都等外國改良。

我國黃河流域四季氣候分明，四合院正房梢間裡、前窗下，砌一座半間屋大小的「匟」，就是磚砌的「牀」。夏天固然涼爽，可是一入嚴冬，睡覺鑽被窩好像鑽冰桶。匟必須用小火爐在火道裡燒熱，一家人（父、母、小孩）才不致受寒。白天婦女們都是在匟上做女紅。把一個「匟桌」

放在炕上，可以全家人在炕上吃飯，小孩練習寫字、做功課，聚幾位親友鬥幾把紙牌。有時大家一起包餃子也是坐在炕上。「炕桌」就是短腿的「八仙桌」，沒有弓形橫撐，為方便盤腿坐姿，專為在炕上用。所以木料也選用花梨、紫檀、樟木、楠木、柚木等硬木。這類「炕桌」，沒有「短腿圓桌」式樣的。

中國木器中有「圓桌」。大小高矮一如「八仙桌」，只桌面是圓形的。也有製成兩個「三腿半圓桌」的。可以靠牆安放，合起來仍是一個「圓桌」。這四種歸於一類的桌子：「八仙桌」、「炕桌」、「圓桌」、「半圓桌」都是中國名貴木器的代表作。講究的還要鑲上蚌殼彫的花樣。可是中國人沒有在「八仙桌」和「圓桌」上鋪桌布的習俗。大概因為幾千年的生活習慣，認為洗桌布太費事，鋪上桌布再放陳設也容易把陳設打翻。種種麻煩使中國無鋪桌布風俗。無奈自從有了電視劇之後，上演多年的各種古裝劇，都要在內景大廳中央擺一個「鋪了桌布的西式小圓桌」，演員們圍著「小圓桌」演戲，而沒有一次是用「八仙桌」的。難道在「故紙堆」中曾找到什麼根據？證明中國古時確有「鋪了桌布的西式小圓桌」在宮廷中使用？

「八仙桌」是中國人生活中離不開的惟一工作檯。既然用餐、品茶、宴會、讀書、寫字、議事時，都要用它，說「八仙桌」是中國文明的搖籃也不為過。但願中國山南海北處處使用的「八仙桌」，能與悠久的中國文化永不分離。

第三輯
北京城不是一天造成的

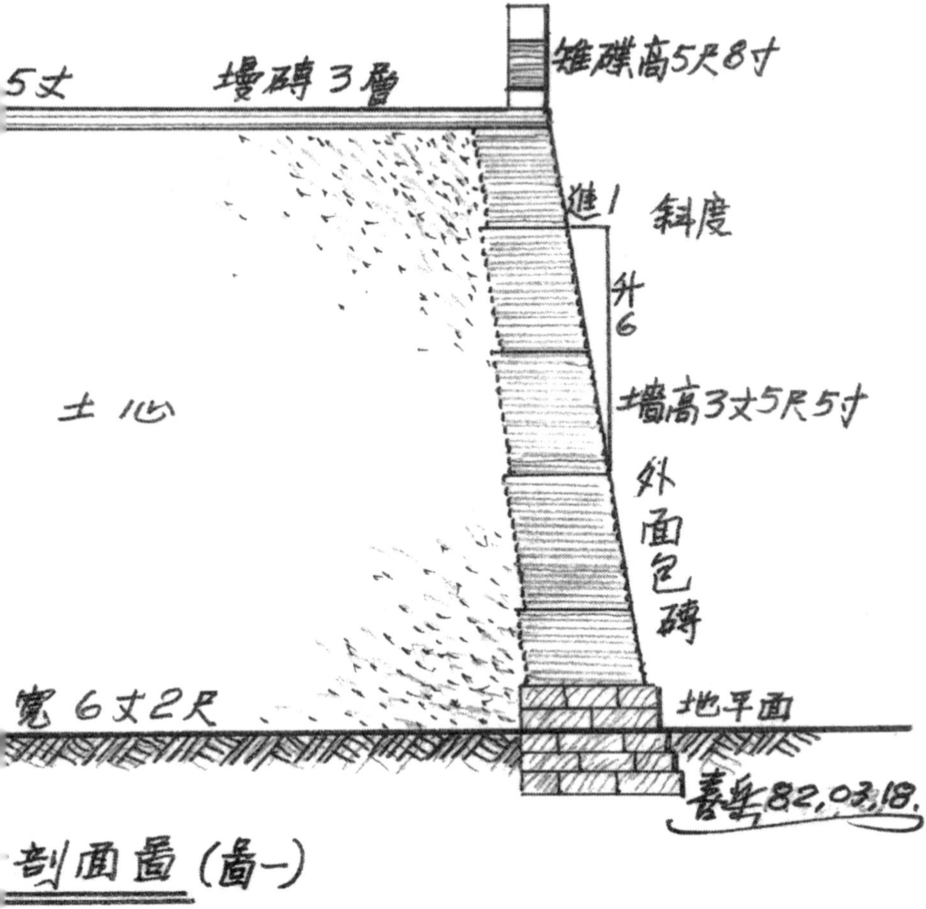
雉堞高5尺8寸
5丈
墁磚3層
進1
斜度
升6
墻高3丈5尺5寸
土心
外面包磚
寬6丈2尺
地平面
喜岳 82,03,18.

剖面圖（圖一）

砌磚方式三種

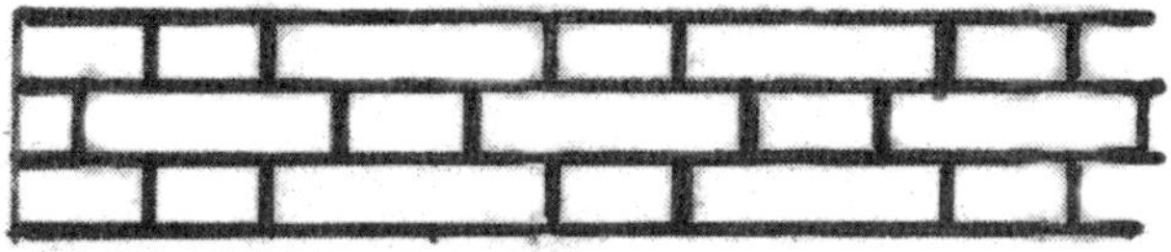

1 FLEMISH BOND

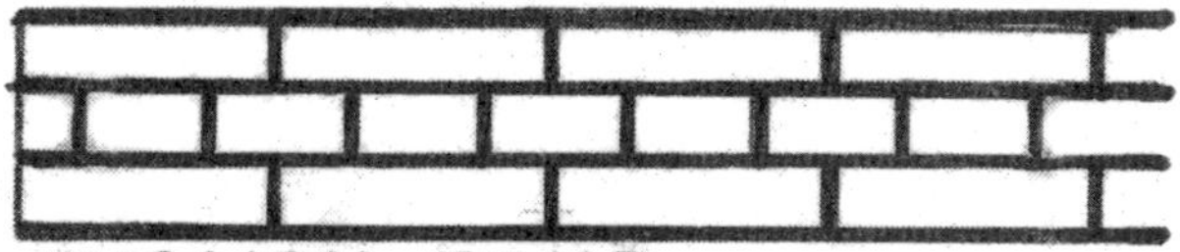

2 ENGLISH BOND

3 COMMON BOND

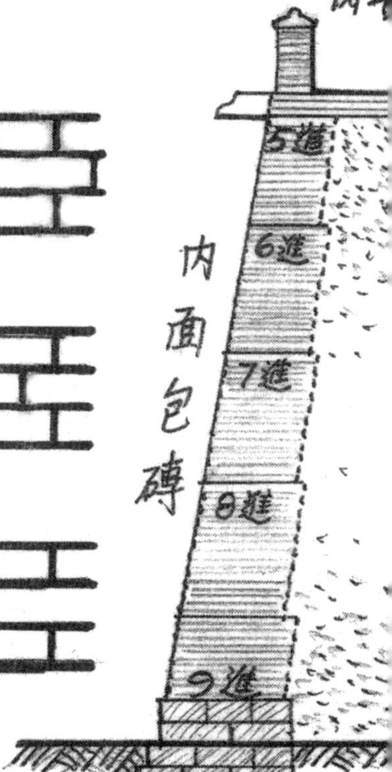

北京城不是一天造成的

北京曾是我國近世幾個朝代的國都，歷一千多年，可以說是宣揚帝王文華武功的許多都城代表之一。現在大家去北京觀光，所能看見的北京城已失原貌。諺云：「北京城不是一天造成的。」以感情用事，希望北京城千年不變，是不可能的。

市鎮歷史

在北京那一帶地區設鎮，名稱地點屢有更移。最早稱為「幽州」的年代，可推到堯舜禹湯的上古時期。唐朝時，曾派官鎮守「幽州」（約當西元七五〇年）。其後做了遼國的都城「燕京」（約當西元九四七年）、金國的「中都」（約當西元一一五三年）。以後那一帶地區就從地方性武力角逐的場面升級為全中國歷代專制政權爭霸和文化中心的地位。

元朝大都的劫數

距今七百五十六年前，元朝在「北京城」現址建設「大都」為國都。那是一座整齊長方形的京城，是前此設鎮建都佈局和規模所不及的，成了後來明朝建設國都的藍本。

「大都」的城牆仍沿襲遼、金築城的方法：是用土堆起來的。在「抗戰」前，北平西郊尚可看得見遼「燕京」和北郊元「大都」故城遺址。民國十五、六年，學校春季旅行，我和同學曾爬上北平「安定門」外五里處「大都」的「安貞門」土城，北望清明時節一片新綠景色。土城上窄下寬，那是用土一層一層夯（ㄏㄤ）實，每層在裡外牆面壓上葦蓑、垂下牆面，以避風雨浸蝕。

「大都」各城門外「護城河」上都架木造「吊橋」。明朝時已改建

「石橋」。「大都」京城中央建「鐘樓」、「鼓樓」，報警報時，聲傳城區四隅等距，合乎聲學原理，至今仍在。稍南有「景山」，再往南是「皇宮大內」。元朝「皇城」的佈局已遵「左祖右社」之制。其中的宮殿建築則極盡中國建築藝術的豪華能事。樓臺殿閣、石欄橋樑，都是當時土木工藝登峰造極之作。可惜明朝的朱元璋打敗元朝、奪得天下之後，命工部郎中蕭洵隨大臣到北平府毀元大都。這與英法聯軍火燒的「圓明園」所遭遇的命運如出一轍。那也是前車之鑑，中華民族的後代子孫應有所省悟。

明朝遷都北京

朱元璋奠都南京之後，封他幾個兒子為王。封四子朱棣為「北平府」的「燕王」。朱棣雄才大略，知道「北平府」位居全國北東西三面的國防要衝，毅然繼承大統、遷都「北平府」、改國都為「北京」，登上「南面王」的寶座。那是他在元「大都」的廢墟上建築城垣、重修「紫禁城」宮殿之始（約當西元一四〇六年）。歷十五年工期告竣。隨後又興建「外城」（約當西元一五六四年），那是皇帝朱厚熜在位時完成的。他是朱棣的第六世孫。那時，「北京城」的輪廓就成了一個「凸」字形。定型直到民國三十五年「抗戰勝利」之後的年代。

朱棣興建「北京城牆」不採元「大都」的「夯土葦蓑」，而改用「包磚法」。就是在城牆裡外兩面用「城磚」砌成「磚面」，把「土心」包起來，以抗風雨、長久保固。據說最高大的北面城牆：高三丈五尺五寸、基寬六丈二尺、頂寬五丈，頂面墁磚三層、外緣建雉堞高五尺八寸、內緣短牆稍矮。城牆裡外兩面「包磚」：下面基址「九進」、上面頂緣「五進」。「一進」就是向「土心」砌一行「半磚」（現在「行話」叫1／2B）。所用的磚叫「城磚」——專為建築城牆用的大磚，現在只能登上「長城」才得一見。尺寸是：十五寸長、七寸半寬、四寸厚。（史載：清朝初年每塊價銀：三分六厘三毫。約合銀元：五分錢。）基址包磚「九進」約七尺半進深。頂緣包磚「五進」約四尺進深。「九一八」日寇掠奪「東北」之後，得寸進尺、又據熱河進攻京北長城各口。寇機已不時飛臨北平上空示威。市政府曾利用城牆開挖「防空洞」。「安定門」內東邊挖開的許多洞口，我曾進去看過，進深已到「半磚」七、八進，尚未見「黃土心」。拆下的大磚仍與半寸多厚的白灰粘在一起，可見當時承辦皇家工程真材實料的作風。

城牆既然是「頂窄址寬」，就構成牆面斜度約「升六進一」之比，就是每層「半磚」上層較下層約「進」七、八分。使牆面呈小臺階狀。常見膽大的孩子們、背靠牆面臉向外，一步一步反爬，登上城牆。

參看所附「北京城牆剖面圖」（圖一），可幫助了解「北京城牆」的構造。借此也可想像距今五百八十多年前，朱棣用在建築「北京城」上，所投入的人、財、物力之龐大！古今中外砌磚的方式都習慣採用三種砌法，中國建築界說什麼行話？不詳（好慚愧）。只知英文名詞分：Flemish Bond、English Bond 和 Common Bond 三種。「北京城牆」的「包磚」用的全是第一種。這種可使每一「進」的「半磚」與裡邊一「進」互相牽制，外「進」的「面磚」不致大片坍下來。「萬里長城」因建在起伏不定的山峰稜線上，為遷就蜿蜒曲折的三度空間稜線，都無法按這三種規矩砌「城磚」。

明朝北京城原貌

現在隨文附第二張插畫：「民初北京鳥瞰圖」（圖二）。這是一個難得的機會。試想，時光那裡真會倒（ㄉㄠˋ）流，讓大家親眼一見朱棣建設的「北京城」?!

這張圖畫的是從飛機上、自東北向西南看民初的「北京城」原貌。南邊是「外城」，北邊是「內城」。「外城」南牆正中是「永定門」。南郊西南方有「永定河」上的「盧溝橋」。後來橋頭有清朝第二任皇帝玄燁（年號康熙，諡聖祖）御筆「盧溝曉月」御碑。城門命名「永定」，有希望「永定河永定不汎」的意思（但非明朝命名）。「永定門」東邊是「左安門」，俗稱「江澤門」，西邊是「右安門」，俗稱「南西門」。

按順時鐘方向，西看城牆西南轉角處有「外城」的小型「角樓」。北轉看「外城」西牆上是「廣安門」，俗稱「彰儀門」。北看轉角再東看、是北向的「西便門」。在「內城」牆角處有大型「西南角樓」。

沿「內城」西牆北看是「阜成門」，俗稱「平則門」。相傳亡命流寇「闖王」李自成逃離北京時，是從此門竄出的；因此大家叫它「平賊門」。續往北看是「西直門」。城牆轉角處是「內城」的「西北角樓」。往東看，北牆上是「德勝門」。明朝朱棣五次御駕親征元朝殘餘武力，都是在「鐘樓」鳴鐘之後，統率二十幾萬三軍出「德勝門」，義在「以德取勝」。續往東看是「安定門」。朝廷每次回師都進「安定門」，接受眾官迎駕，取「安定軍心、安慰民心」之意。續往東看城牆轉角處是「東北角樓」。

往南看東牆上是「東直門」，與西牆上的「西直門」相對。續往南看是「朝（ㄔㄠˊ）陽門」，俗稱「齊化門」。沿東牆向南看，先遇「外城」的短牆，東看是「東便門」，南看是「內城」轉角處的「東南角樓」。「東便門」也是北向，與「西便門」對稱。過東轉角看「外城」東牆，是「廣渠門」，俗稱「沙河門」。續往南看，是「外城」的「東南角樓」。「外城」與「內城」分界的是「內城」南牆。正中是「正陽門」，俗稱「前門」。西邊是「宣武門」，俗稱「順治門」。東邊是「崇文門」，俗稱「哈達門」，是元朝名稱。門內東側曾有蒙古「哈達大王府」故名。

這樣就湊足俗稱「北京城」的「裡九外七」十六道城門之數。從前白鐵錚教授曾騎著自行車，特意把「裡九外七」，出城進城，一門一門繞完北京城一周。恐怕沒有第二個人也創過這項個人紀錄。這裡所記只是紙上演練白鐵錚教授的親身經歷。

在明朝治下的「凸」字形「北京城」範圍之內，「安定門」大街路東有「成賢街」。「國子監太學」和「孔廟」都座落在街內路北。「國子監」的「太學」本是「王子」和「公子」陪「太子」讀書的「中國文史專科大學校」的古稱。皇帝高興也要在「太學」的「辟雍」亭給大家講學。「孔廟」當然是皇帝在孔子誕日「祭孔」的「祭壇」。廟裡「大成殿」供桌上的五件古銅「五供」和「大成門」陳列的十件「石鼓」，都當國都南遷時，在路上遺失了！據說那全是商周時代的「國寶級」古物。在「北京城」東牆上「朝陽門」以南、「東南角樓」以北，尚有「觀象臺」的設施，上面陳列明朝所製各項測量天體的古銅儀器。其中多件由「八國聯軍」中的「德國佔領軍」掠為戰利品，運往德國。「一次大戰」後，由戰敗的德國歸還、交「觀象臺」復原。其中完整的幾件，也在國都南遷時，運到南京保管陳列。這種「建新都，遷九鼎」的帝王霸業意識，在民主時代仍然沿襲，證之後世已非傳國的神器。只有保衛國土、國民、主權的堅強國防才是民主政權的不移職責。

「安定門」外偏東有「地壇」，是皇帝「祭地（球）」的「祭壇」。此外，「安定門」外北郊尚有「黃寺」（黃琉璃瓦宮殿建築），「德勝門」外有「黑寺」（黑琉璃瓦宮殿建築）。分別是為蒙藏喇嘛教的「黃教」和「黑教」教宗預備的「行宮」。那屬清朝接待班禪喇嘛時的建設。

在「永定門」內大街兩側，東有「天壇」，西有「先農壇」。是皇帝分別「祭天」和「祭神農」的「祭壇」。在東郊「朝陽門」外則有「祭太陽」的「日壇」，西郊「阜成門」外有「祭月」的「月壇」。都是明朝建都北京的一體建設。但是現在大家看見的「天壇祈年殿」是明朝「大享殿」，更名「祈年殿」，在清朝災後重建的。清光緒十五年（西元一八八九年）夏，在一次大雷雨中，「祈年殿」三字的「牌」遭閃電擊中著火落地，延燒正門「槅扇」裝修。不料整座三簷的大殿就在雷雨中焚毀。據說被燒的金絲楠木柱「香聞數里」，待木架倒塌之後，大雨才把烈火撲滅。三簷鑽尖鎏金寶頂的「祈年殿」落得一堆藍黃綠三色琉璃瓦礫和焦黑木炭。後來重建時，「三簷鑽尖頂」一律改用藍色琉璃瓦。金絲楠木在我國原始林中已不可多得，只好進口美國洋松代替了。從火災前所攝的「祈年殿」照片與火災後重建的比對，重建的好像比明朝「原版」略顯瘦小。但無論如何，「祈年殿」和「太和殿」被譽為中國建築藝術的代表作可當之無愧。臺南現有「祈年殿」複製品一座。不知用鋼筋混凝水泥建造的精緻程度如何？重視中國建築藝術價值本是洋人首先提倡的，沒想到「中學為體，西學為用」，竟讓洋人的營造工程技術搶先實驗了。

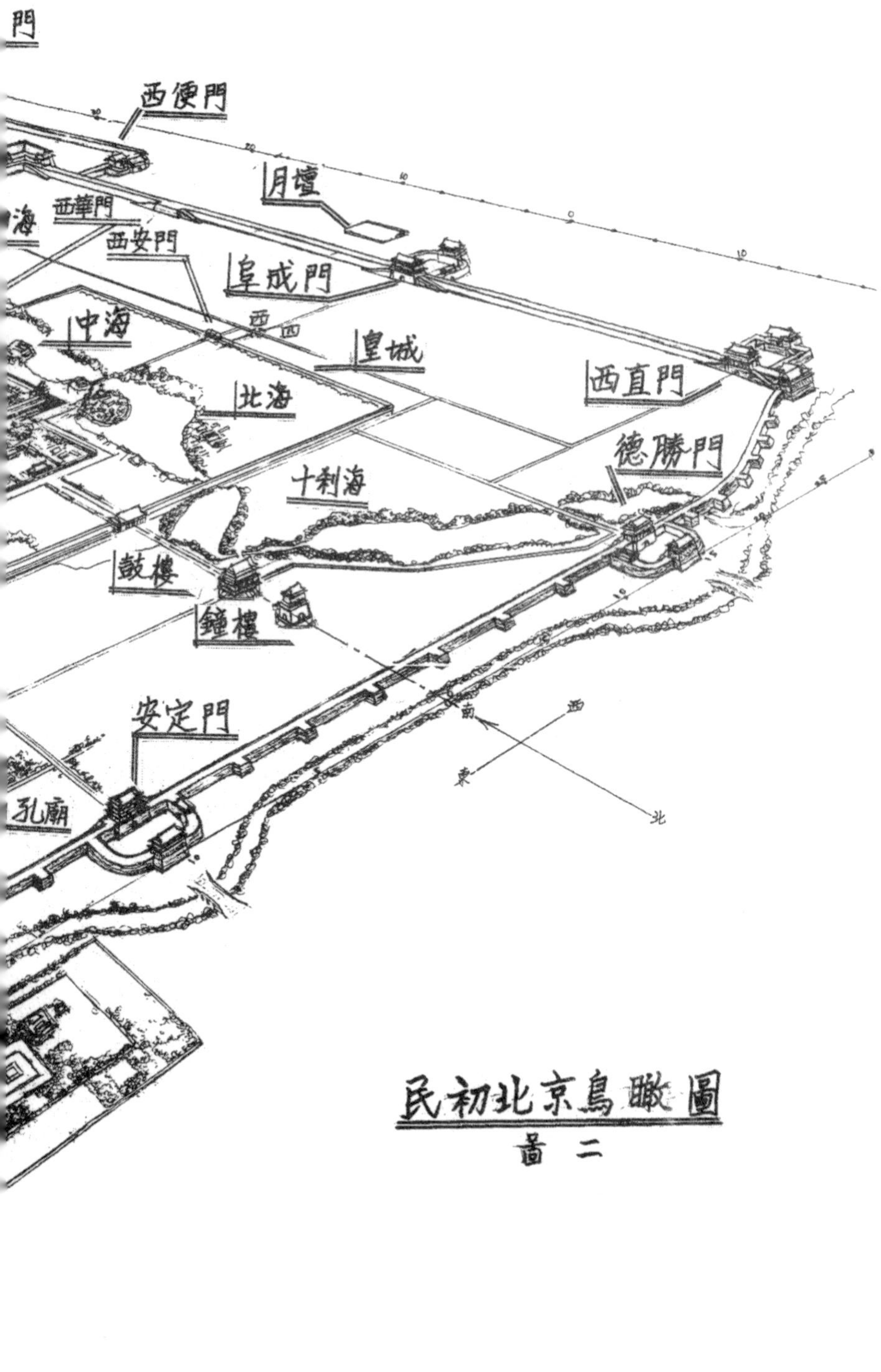

民初北京鳥瞰圖

圖二

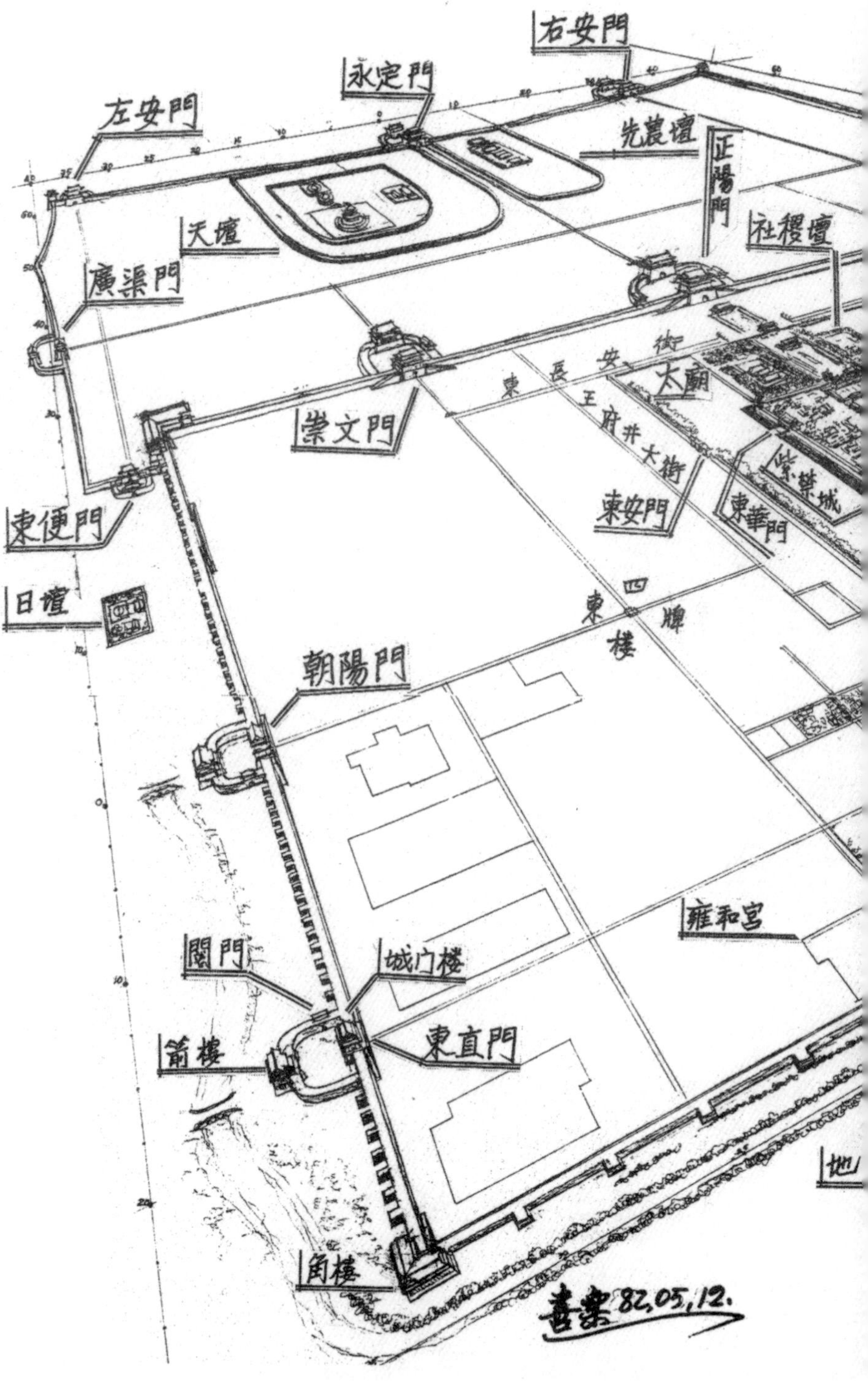
右安門
永定門
左安門
先農壇
正陽門
天壇
社稷壇
廣渠門
東長安街
太廟
崇文門
王府井大街
紫禁城
東安門
東華門
東便門
日壇
東四牌樓
朝陽門
雍和宫
閩門
城门楼
箭樓
東直門
角樓
善業 82.05.12.

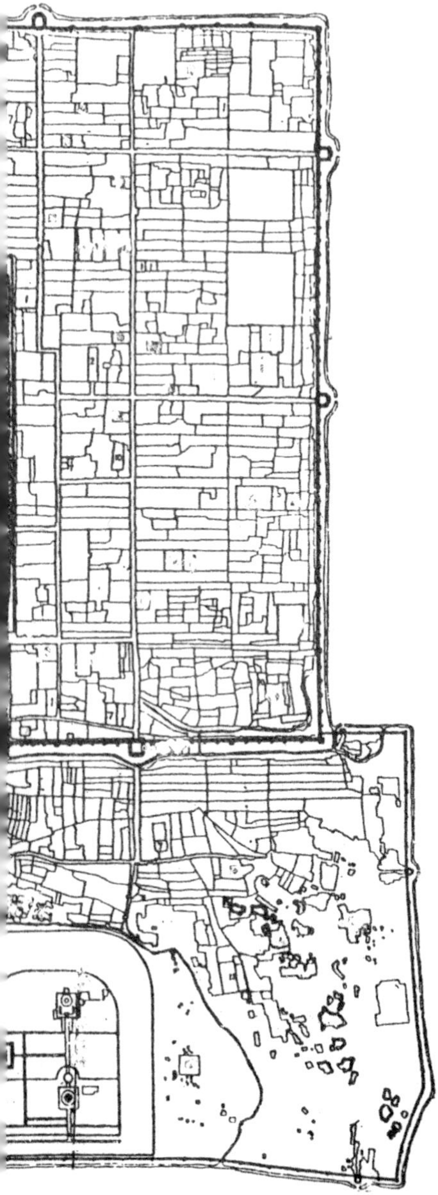

82,05,12,

城

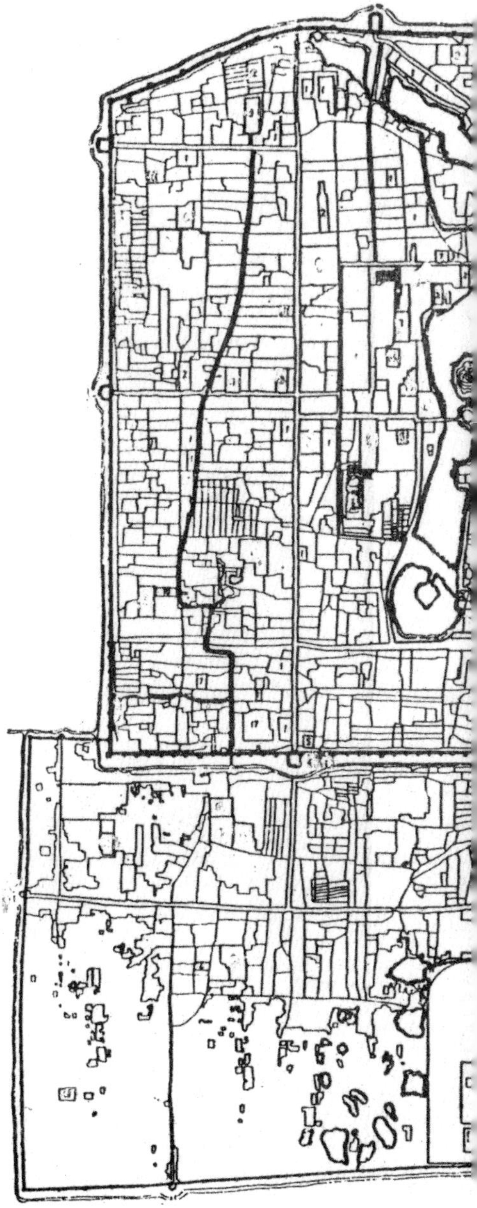

明朝的

(

東南角樓掛彩追憶者（圖四）
8205

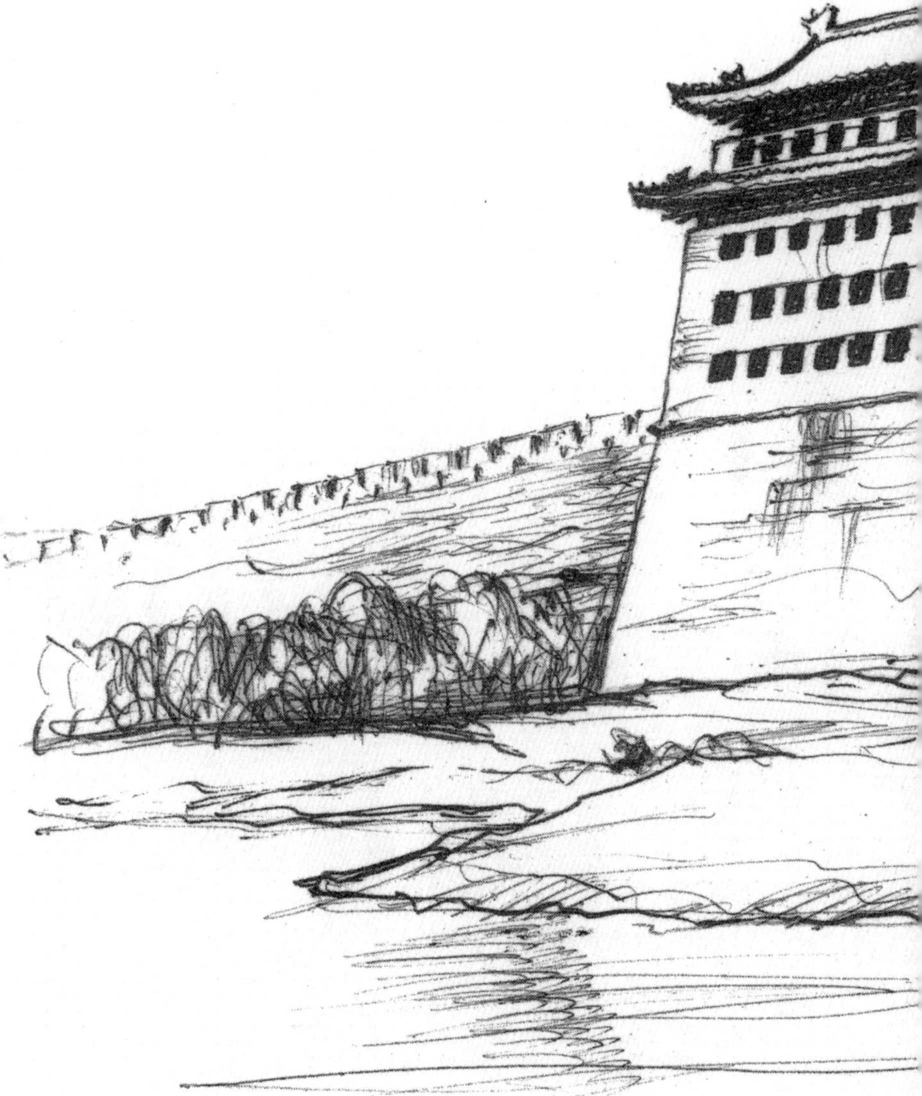

朱棣建設北京城的規模

參看「民初北京鳥瞰圖」（圖二），可以看出這座明朝「北京城」確實是沿襲前朝的規模和偉大的佈局，所作的最佳國都計畫。「裡九外七」十六座城門都有「城門樓」、「箭樓」和「甕城」。「內城」四角有建制相同的「角樓」。「外城」兩角有配合稍矮城牆的「角樓」。「紫禁城」的城牆四角「角樓」更是莊嚴輝煌的建築藝術傑作。「皇城」以內的「景山」是人造的「圍屏」。「紫禁城」西側三處天然湖泊：「南海、中海、北海」是帝王治下刻意經營過的「太液池」。使身居皇宮大內的皇族，可以享受些春夏秋冬、四季分明的生活，不辜負天公賦與「北京城」得天獨厚的美意。

「北京城」的「三個圈圈」只有「中圈」左右不對稱。其餘兩圈——「凸」字形「大圈」和中央的「小圈」都左右對稱。對稱是根據一條筆直的「中線」。從最南端的「永定門和箭樓」開始，直線貫通：「五牌樓」、「正陽橋」、「正陽門和箭樓」、「中華門」、「御河橋」、「天安門」、「端門」、「午門」、「金水橋」、「太和門」、「太和殿」、「中和殿」、「保和殿」、「乾清門」、「乾清宮」、「交泰殿」、「坤寧宮」、「坤寧門」、「天一門」、「欽安殿」、「承光門」、「順貞門」、「神武門」、「北上門」、「萬歲門」、「綺望樓」、「景山」、山頂「毓秀亭」、山後「壽皇殿」、「地安門」、「鼓樓」，最後止於「鐘樓」❶。用現代測量科技和儀器或可測出些微偏離「中線」的差距。但是我們仍然欽佩當時的營造界老師父們測量直線和方向的本事高強，中國建築工程技術的功夫高深。

齊莊中正

中國建築藝術的基本精神在：「齊、莊、中、正」四個字。「齊」是古寫的「齋」，音義相同。「齋」是齋戒的意思。人住在房舍之內自然要維持內務的整齊清潔。如果還以齋戒的心自我警惕，第一要對營造建築

❶：一連串建築和實物命名乃明朝的、清朝的、民國的混合使用，以免反覆對照。

的人和協力興建的人產生恭敬的心。「齋」就是恭敬的表現。建築物雖然是人造，以廣義來看，實是天賜。「莊」是莊重，表示建築物本身從設計到營造，都必須鄭重其事，使建築物顯出莊嚴的外表，教人身臨其境，不由得就要對住在其中的人表示尊重。「中」是對稱，表示佈局和建築物的本身左右對稱、平衡、均稱。「正」是不偏不倚、不扭不斜，表示建築物方位正北正南，本身四平八穩。給看的人和住的人一種安全感。只看朱棣的「北京城中線」貫通的門、庭、殿、宮、山、亭、橋、樓，就可體會「齊莊中正」——中國建築藝術的崇高精神所在。說「北京城不是一天造成的」，恐怕那條中線也不是一天的工夫就能測量出來的！不幸的是：中國建築營造手藝高，但是工程科技程度則甚低。使用的建材又仍然不離天然的木、石、土、灰、桐油等等，都禁不住歲月的考驗。

明朝的「北京城」原貌保持到民國初年，誠屬不易。五百多年頻遭火災。明、清兩朝雖屢災屢修屢建，限於財力仍不能訂出維修的時間表和充足的預算，延續原處建築物的壽命。及至民國肇建，民已窮、財已盡。位居「北京城」的掌權者為籌措政府開支，只有在「官產」上打主意之一途，苟延殘喘。於是得不到經常維修的大型官產中國建築，就難逃被拆除、變賣廢料和基地的命運！

中圈皇城

「北京城」凸字形城牆輪廓如認是「三個圈圈」的「大圈」，其餘兩個內圈圜圜套住的就是「中圈皇城」和「小圈紫禁城」。據說「皇城」裡面住的都是皇親國戚，恐不盡然。例如朱棣建造「北京城」時，就曾在「東安門外建十王邸，通為屋宇八千三百五十楹」。可見為他十個兒子蓋的王府，並不座落在「中圈皇城」之內。也因此才命名「皇城」東門外的一條南北大街「王府大街」。街左右幾條「胡同」裡有兩口井，水以甘洌出名。五百年來「王府大街」被訛稱「王府井大街」。現在是有名的「觀光街」。

屬於「中圈皇城」的城牆也是用「城磚」砌的。牆基約六尺五寸厚，收頂到五尺二寸。上蓋黃琉璃瓦、正脊下裡外瓦坡。記得裡外牆面都是先抹白灰，再刷紅土，這是牆的「上身」（佔三分之二牆高）。下砌「腰線石」，壓在青色「城磚」上，這稱為「裙肩」。地面以下也應砌石基。但也有記錄顯示「皇城牆」是用 Flemish Bond 完工後，並不抹白灰，刷紅土。

「皇城」一共有東西南北六門。東西兩門叫「東安門」和「西安門」，都是「三座門」格局。我的出生地就在「王府井大街」北段，叫「黃圖崗」的胡同裡，可說距「東安門」不遠。「東安門」內，「皇城牆」西邊有南北向的「御河」，是從「皇城北牆」橋下引進的，南流直出「皇城南牆」。兩岸河柳成蔭、倒（ㄉㄠˋ）影嬝嬝，風景逸人。逢夏季，祖母就帶我們兄妹三人到那裡乘涼、玩耍。玩到下午三、四點鐘，常在「東安門大街」一家飯館吃現做的「熟肉韭菜餡」水餃。念初中時，我曾為「東安門」畫過一張寫生畫，可說對「東安門」印象深刻。現在事隔六十餘年，「東安門」的細節已無法追憶，很難描繪。

「皇城」的南門是「天安門」。另一說，指其後的「端門」才是「正門」。這兩座門建制相同，都是面寬九楹，上蓋黃琉璃瓦重簷歇山頂，宮殿等級的「皇城門樓」，建在城臺之上，下開五洞圓券門。在「天安門」前面左右不遠處，有東西相對的「長安左門」和「長安右門」，分別在「東長安街」的西口和「西長安街」的東口，兩街自此兩門互通。這兩門與「東、西安門」相同，都是「三座門」格局。在此北看是「天安門」，南看是「中華門」。「皇城北門」是「地安門」，俗稱「後門」。是磚牆式城門，下開三洞圓券門，上蓋單簷歇山頂，色彩與其餘五門一致。

自從西元一九八九年「六四」之後，「天安門」又在全世界出了名。門前有五道漢白玉「石橋」跨越御河。在第一、二橋和第四、五橋之間橋頭前，立「石獅」和「華表」各一對。再南行是「千步廊」，就是建在左右兩邊的帶廊長廡。最南端是「大明門」，清朝改稱「大清門」，民國改稱「中華門」，南對「內城」南牆正中的「正陽門」。千古巧合，與「內城南牆」上的：東「崇文」、西「宣武」，湊成明、清、民國三代四門所帶來的「不幸而言中」的讖語！

民國六年夏，清朝武裝遺老張勳，帶著他的「大辮子兵」，擁護仍准住留「紫禁城」的溥儀，搞「復辟」運動。北京政府的北洋軍閥段祺瑞聲言與張勳決戰。最後一戰的戰場就劃定在「東安門」一帶。位於正南方不遠的「東交民巷使館界」中駐有「八國聯軍佔領軍」，借口開火後有殃及「使館界」的危險，與交戰雙方約定：戰事到第二天清晨停止，並判定勝負。

父親那天提早下班，把臥房前面支摘窗掛上兩張大棉被，在匟沿前地上鋪蓆和被褥，放好枕頭。父母親和我們兄妹三小孩當夜睡了安全一覺。那是因為臥房前窗西南方不遠就是「東安門」。第二天清早，二祖父聽見嘟嘟號聲說停戰了。二叔匆忙出門直奔「東安門」，撿回許多彈頭、彈殼。據說報紙後來還刊出：「駐華武官看到一處大辮子兵陣亡陣地；屍旁一大堆彈殼，連說那是一位盡職的士兵。同時看見他身旁擁有兩桿槍：一架機關槍和一桿大煙槍！」

段祺瑞打敗張勳之後，「東安門」一帶「皇城牆」當然受創掛彩。據說還曾把城牆打開了幾處大洞，為方便直擣張勳的官府。我有同學，他父親買的就是張勳的府，座落在「南長街」，那是在「紫禁城」的「西華門」外一帶（此說在西南，戰場在東南）。到民國十四年北京政府就把「皇城牆」陸續拆光了。僅保留「天安門」和「地安門」。於是「三個圈圈」的「中圈」就從朱棣建設的「北京城」消失。

享有「皇城牆」保障的年代，「紫禁城」前擁有「左祖」的「太廟」，是皇帝祭祖之所；有「右社」的「社稷壇」，是皇帝祭祀所擁有的「版圖和主權」之所。「紫禁城」後有「景山」做屏障。山有五峰，各建有一座亭：中央是「毓秀亭」（一說稱「萬春亭」）。但是「坤寧宮」之後的「御花園」，東邊另有「萬春亭」，西邊有「千秋亭」。料想這些命名都不是明朝的手筆）。東起是「集芳亭」（觀妙亭＊）、「壽春亭」（同賞亭＊）。「集芳亭」下、山坡起步旁的一棵大樹，就是明朝末代皇帝朱由檢（年號崇禎，謚思宗）「自縊煤山」之處。西起是「會景亭」（輯芳亭＊）、「長春亭」（富覽亭＊）。「景山」西牆外是「大高玄殿」，乃皇室崇拜道教的勅造宮殿建築（＊都是清朝命名）。

佔「皇城」裡西半部有：「南海」以「瀛臺」出名，時值清朝慈禧太后奪權，把當朝皇帝載湉圈禁在「瀛臺」；「中海」以曾做民國「總統府」的「居仁堂」出名；「北海」則以「瓊島」上的「白塔」，為現在遊人必登的名勝。

總之，「皇城」這個「中圈」以內的「紫禁城」、「景山」、「太廟」、「社稷壇」、「三海」等等建設在遼、金之後，元、明、清三個朝代時期都是皇室施政、居住、遊息的禁地。而總其大成的人是明朝的朱棣。身為中華民族一分子的人，除了臣僕工匠有機會踏上禁地工作、一窺堂奧之外，絕不可能得見廬山真面目。最後，若不是馮玉祥在民國十三年把清朝的末代皇帝溥儀趕出「紫禁城」，「皇城」以內不少地方或將永遠淪為與世隔絕的曖昧「中圈」。

小圈紫禁城

「北京城」的「中圈」在「後門」裡面被「景山」佔去大部長方地面，所剩有限。我有幾位小學同學是清朝大官的後代，家住「後門」裡面地區，都是「大府邸」等級。其中最講究的，有多進「四合院」，帶「跨院」和「後花園」。但也沒有多少家。「大官府」已無發展餘地。許多清朝「王府」是接收的明朝「王府」，座落在「內城」。

「中圈」裡的「小圈」，就是過去皇帝辦公又住家的「紫禁城」。城牆是用青城磚建造的。高三丈一尺，基寬兩丈七尺，頂寬兩丈零八寸。前後南北牆各長二百三十六丈二尺，左右東西牆各長三百零二丈九尺。外圍的「筒子河」（護城河）約十九丈寬。構成整齊的長方形「大內」。共有四門：南門是「午門」、北門是「神武門」、東門是「東華門」、西門是「西華門」。「西華門」被「中海」所隔，須出門北轉到「團城」西轉，經「金鰲玉蝀橋」才可西行，由「西安門」出「皇城」。「東華門」則直對「皇城」的東門「東安門」。

南門的「午門」規模最大，等級尚在「皇城」正門「天安門」之上，是重簷廡殿頂，與「太和殿」同等級。「午門」城臺與「紫禁城」城牆一體，呈「凵」字形。「凵」字向南的兩端和轉角建重簷鑽尖頂方亭四座。城臺下開著三洞方門進出「外朝」。「紫禁城」東西北三門都是重簷歇山頂同式三座門樓。小時，二叔曾帶我們兄妹三人從「西華門」前經過，指著上簷下「西華門」三字的「牌」說：「你們看那『牌』，上頭還有李自成射的箭哪！」當時我們沒看見。李自成是以弓箭功夫熬上流寇「闖王」的抬頭的。

大家都知道「紫禁城」裡「外朝」有「三大殿」，進入「內廷」有「三宮」、「六院」、「七十二嬪妃」等和皇后居住的宮。還有「御花園」多處。我早在民國十三年，馮玉祥把清朝末代皇帝溥儀趕出「紫禁城」之後，開放「大內」時，就用「入場券」參觀過「三大殿」了。

時值盛夏，由母親帶著和親友女眷們同行。經「東安門」進「東華門」，步入「紫禁城」。我們一批只有八、九個人，我是個初小學生。走進「東華門」第一個印象是「紅黃藍綠白」五彩繽紛：紅色的宮牆、柱、門窗，黃色的宮殿琉璃瓦，藍綠相間的黃瓦簷下、紅柱之上的彩繪和大庭院的藍天綠樹。惟一的白色是「三大殿」臺墀上的漢白玉石欄。我們是來自「小圈」外青藍單調色彩世界的「圈外人」。「紫禁城」的艷麗使我驚愕又興奮。那種對比感覺十分強烈。

那天從「東華門」內的幾處皇宮院落，走上「三大殿」範圍。豁然敞開一個大庭院，「太和殿」就座落在正北。大太陽把那地方曬得要冒煙。藍天沒一片雲、黃琉璃瓦和漢白玉石欄在大太陽直曬之下，教人睜不開眼。人也被曬得「縮水」了。踏上漢白玉石階，好像冬天腳踩雪地。石階左邊「御路」上彫著看似蜿蜒曲動的龍，據說叫「九龍戲珠」。登上第一層臺墀，左右各擺著一排大金缸。缸體表面看似長滿了醬色雜草，又像醬色表面長的是金色亂草。(回家後，祖父說那是「八國聯軍」的兵用小刀刮的。大金缸是銅缸、鍍鎏金。）舉目四望，大庭院磚墁地上、四周琉璃瓦殿頂、漢白玉臺階和臺墀上，到處長滿了草。原來鎏金是把黃金溶在水銀裡，刷在銅缸表面，使水銀自然蒸發，就把黃金鍍在銅缸上，成了大金缸。

大家走得渾身大汗。一踏進「太和殿」就馬上暑熱全消。殿裡空曠無人，光線陰暗。寶座的臺很高，「三出陛」都有紅布帶交叉封住。殿裡柱子又高又大。靠牆擺著幾件鑲彫花蚌殼的硬木頂櫃，別無其他物件。寶座很陳舊，佈滿灰塵。上面殿頂有金色盤龍，口啣吊掛，吊著大珠。地面灰暗，也是一層塵土，可是走起來很光滑。墁的磚尺寸很大，據說那就叫「金磚」。後來知道所謂「金磚」並非摻「金砂」窯燒製造的，那是青磚浸在桐油裡，經自然乾燥而成。

大家看完「太和殿」就從屏風後面的殿門出去，馬上陽光直曬。這樣忽冷忽熱看完「中和殿」、「保和殿」，都認為那是些空曠曠的宮殿大房子，沒什麼好看。那次回家之後，就把其餘各處的「入場券」送給別的親友了。忝為最早一批參觀「紫禁城」的中國人，只因對「紫禁城」的內涵和中國建築藝術毫無所知，又被暑熱的太陽煞了遊覽的興致，就那樣浪費了參觀「大內」的大好機會。

現在許多人都見過「紫禁城」了。那八千多間宮殿式建築，都是沿襲「師父傳徒弟」的制度和手藝建造成功的。如果一定要看他們的「教科書」，就只得捧出宋朝李誡編著的那部《營造法式》來頂替了。按照這部中國第一部「中國建築手冊」建造的房屋，很難教人看出毛病來。以「太和殿」為例，殿頂上有一行瓦壠是歪扭不順的嗎？殿頂的曲線瓦坡、各行瓦壠有起伏像波浪的嗎？

如果認真欣賞朱棣的「紫禁城」，有心人必須從「午門」進入，不可在「神武門」買票入場。那才能體會當年一國之尊坐在寶座上的治國威嚴和使命的神聖。又如果真能了解中國建築藝術的精華，必須先吸收一些中國建築「名件」：什麼叫「斗栱」、什麼叫「正吻」等等。「太和殿」上「正脊」左右兩端的「正吻」有一丈多高。是由十二件琉璃「空心磚」組合而成的！「紫禁城」是中國建築藝術的博物館。到那裡去觀光的人不可只走馬看花！建築界最早的「空心磚」就是中國人發明的。

朱棣建設的「北京城」可做中國國勢最強的時代里程碑，也是當時世界上最宏偉、獨一無二的大國首都。小時家中藏有一張清朝官印彩色「北京地圖」。多年前也在老地圖上看見一張「北京地圖」。經仔細審閱，頗與清朝官印的那張近似，可用來幫助閱者想像「明朝的北京城」（圖三）。

從英法聯軍到八國聯軍

西元一八六〇年（中國曆庚申年），英法聯軍破北京，火燒西北郊萬園之園「圓明園」，大火三天三夜不熄。「北京城」上空只見飄自西北的烏煙，把整個「朱棣的北京城」白天遮成日落的景象。這把火把明、清兩代的中國建築藝術結晶燒得一乾二淨，只留下「蓬島瑤臺」（圓明園四十景之一）沒燒。因為那是「福海」中的一個小島，四面環水；英法兩國官兵在燒到此處之前，先把「船塢」燒了，無船可渡，又都不會游泳，只有望海興嘆。「蓬島瑤臺」總算逃過一劫！劫後仍禍不單行，反被自己的刁民趁火打劫，一搶而光！

四十年之後，西元一九〇〇年（中國曆庚子年），八國聯軍再破北京，曾揚言這回要火燒「紫禁城」。當時沒燒成宮殿，倒獲訂「辛丑條約」賠償軍費四億五千萬兩白銀。現在去北京觀光的遊客雖然未獲一睹「圓明園」的丰采，能看見「紫禁城」和「頤和園」也算眼福不淺了。

在民國初年的「北京城」，尚可看見許多光緒二十六年遭「八國聯軍」損毀的「朱棣北京城」遺跡。

那時，「八國聯軍」先從天津、楊村沿大運河北上，奔向通州，再循通惠渠直擣北京。我姥姥家就在通惠渠的二閘、皇木廠附近。母親那時是一個九歲女孩，由她母親牽著，混在大群難民中逃難。風聲一緊，母女兩人追隨人群一起跳河。她一位堂兄在岸邊，一手把母親從河裡拉上來；再跳進水裡救她母親時，已不見蹤影。後來我們兄妹三人在姥姥家見過的姥姥，原來不是母親的親娘。

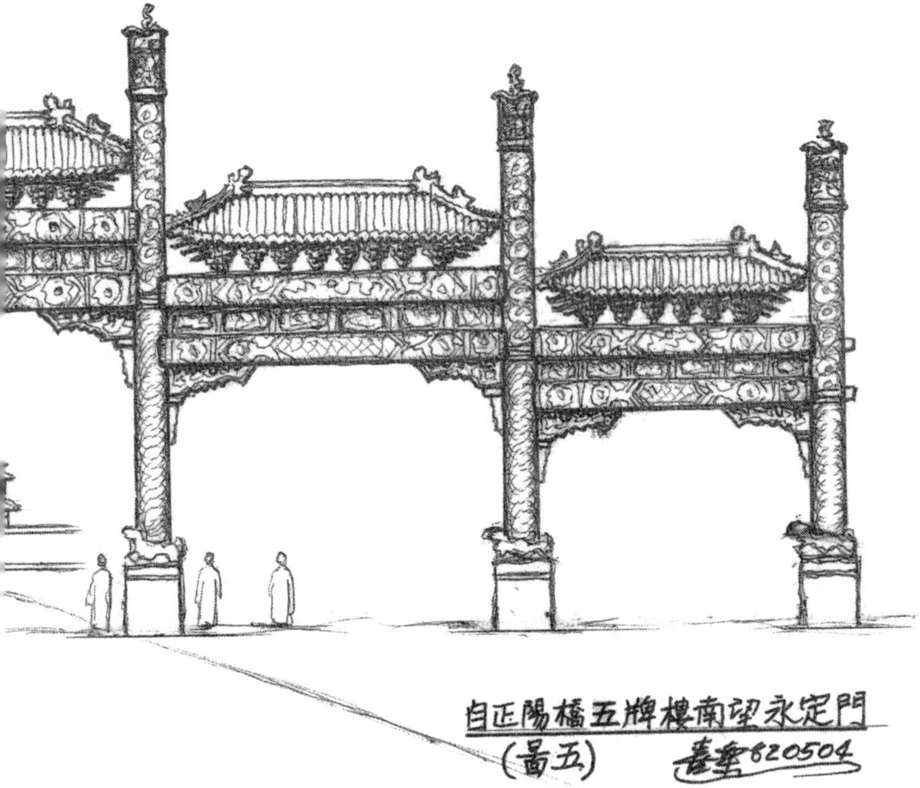

自正陽橋五牌樓南望永定門

（圖五）　喜樂620504

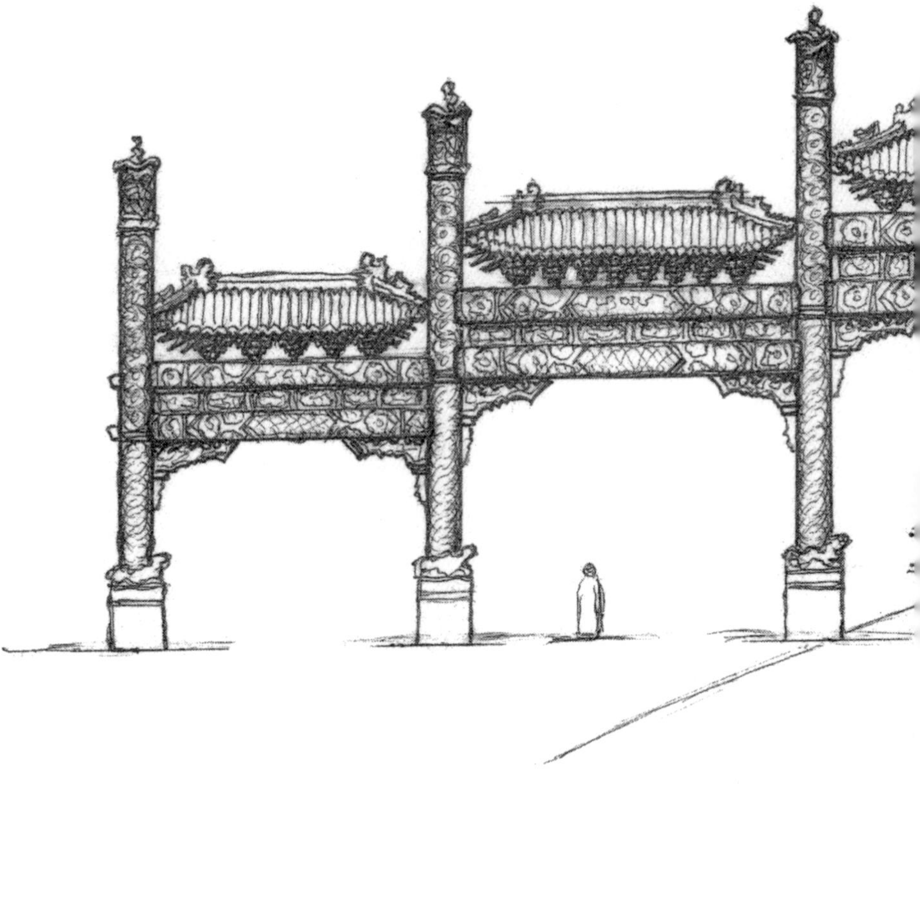

當年社稷守護神

那次「聯軍」從城牆下「水閘」鑽進「東便門」內「外城」地區，攻破「北京城」。有一隊美國兵曾砲轟「東南角樓」，把「L」形殿頂轉角處的「十字脊」和幾處瓦簷轟垮。戰後清政府只用「瓦楞鍍鋅鐵皮」勉強修補殿頂防雨，瓦簷受損處則未見施工。「東南角樓」基座城臺下是我們出「東便門」，去姥姥家必經之路。那幅「當年社稷守護神」的掛彩景象一直拖到「七七抗戰」前的年月。三年前去大陸探親，見早已徹底整修，把整座「東南角樓」裝飾成展覽館，供人參觀。我畫了一幅「八國聯軍」砲轟過的「東南角樓掛彩追憶圖」(圖四)，可為國人增些「知己知彼」的資料。

角樓

「角樓」建在「北京城內城」的四角和「外城」的東南和西南兩角。

上述這座建在「內城」城牆東南角。與每座「城門樓」相對、建在「甕城」上的「箭樓」一樣，都是歇山、宮殿頂、四面磚砌的堡壘型敵樓結構。整座「角樓」等於把兩座「箭樓」的一端結合成「L」形大建築，只把正面橫長四道十二個「箭窗」增加成十四個。「鈎連搭」下面側牆免開「箭窗」，所以「角樓」總共有一百四十四個「箭窗」。其餘一切設計、建造細節都與「箭樓」大同小異。在功用上：「箭樓」是固守「城門」，「角樓」是固守「城角」。負守城責任的戰士們都披戴甲胄，吊起「閘門」，立在「箭窗」裡，張弓搭箭射殺來犯的敵人。當時抗拒「八國聯軍」的清兵，使用的應該是「抬槍」一類武器。不過那一隊美國兵大概用的是炮，才能打到「L」形「角樓」殿頂會合處的「十字脊」。想像那時美國兵的炮車，清朝的古炮雙方轟擊（據母親說）：炮彈都是「鐵球」；每發一炮，炮彈就被燒得通紅，飛在空中照得窗戶紙紅光一閃；然後就聽見「鐵球」撞擊城牆的聲音，從城牆斜面輥下來，輥到運河裡，好像「咕嘟咕嘟」稀飯開鍋了！

小時曾有機會從城裡看見過「內城」的「東北角樓」。那大約在民國十一、二年。後來又有機會往「內城」東北角一遊，整座「角樓」已無蹤影！至於「西北角樓」和「西南角樓」，我從未見過，也不知道何時被拆毀。在「北京城」被軍閥盤據的時代，所有朱棣給我們遺留下來的中國建築，座落在城裡城外的，都由一個「官產處」管理。中看的幾處如：「頤和園」、「天壇」、「孔廟」，路遠的「十三陵」等等，洋人自有路線、財力、照相機……由「嚮導」帶路去觀賞。一般「國民」無力、也無心去欣賞那些「棄如敝屣」的骨董。像朱棣規劃的這些「城門樓」、「箭樓」、「角樓」，都是近在咫尺的崇高中國建築傑作，可以說從來沒有「北京市民」登上城牆看個仔細。未成年的學生如果被好奇心驅使，想登上城牆「探險」，多半要被無端竄出的人士呵斥一聲：「出去！」至於那些不中看的「日壇」、「月壇」、「地壇」和各處「城門樓」，就只有等待被拆、變賣，做籌措久欠公務員薪餉的替身！

箭樓、甕城

「北京城」每座城門的外面都有一座設計奇特的「箭樓」，建在「甕城」之上，與「甕城」同當城門的護衛。「甕城」是形似馬掌的城牆，扣住城門。牆的側方開一「閥門」，供平日人貨車馬進出。戰時，三軍出城作戰，「箭樓」、「城門樓」和城牆各處都站著兵勇參戰。一旦地面軍馬敗下陣來，則開「閥門」迎接進入「甕城」。城上各處急矢齊發、掩護退卻。「箭樓」首當其衝。然後急關「閥樓」的「千斤閘」、封閉「甕城」。如有敵方兵將衝入、無異甘做「甕中之鱉」討死。退入「甕城」的兵將則可開城門入城整頓。這是當時「箭樓」、「甕城」、「閥樓」、「城門」、築城作戰兵法上的古老邏輯。據說所謂「千斤閘」是在「閥門」裡吊著的「閘門」，隨時可拉開機關，急速墜下。各處「城門」和「千斤閘」門面都釘鐵板。

說北京一般市民難得一登「北京城牆」，竟有一天我和一位同學出

「安定門」，輕易無阻登上對面「甕城」上的「箭樓」。「甕城」牆上長滿了酸棗棵子矮樹叢。那是帝王時代兵勇值勤把守城池，閒來無事、口嚼「十三陵的大酸棗兒」、隨地吐「棗核（ㄏㄨˊ）兒」的播種成績。相當現代青少年口嚼「口香糖」，或一般人補充「維他命C」同樣效果。「箭樓」背面「鈎連搭」下面有三座大紅門。走進一看，裡面漆黑一片，只北東西三面八十二個「箭窗」射入強烈天光。沒走十步，見有四根須兩、三人才可合抱的高大「金柱」、直撐上面的重簷殿頂木架。樓裡地面空無一物，積塵總有一兩寸厚。沿著四層「箭窗」都有「雲臺」和「雲梯」。料想當年「兵勇」射箭殺敵的緊張場面，一定非常壯烈。走向地面層「箭窗」、爬上「窗臺」外望，北風凜烈，很難站穩。「窗檻」以外的「窗沿」和左右「垛牆」都是向外面斜伸。那是為增廣箭手視野的設計。從城外仰望「箭窗」近似正方。樓內「箭窗」頂吊著紅色油漆的「閘板」，漆成「白紅白」三環「牛眼箭靶」。當中「牛眼」是黑色。鬆開吊鈎，可把「閘板」放下關上「箭窗」。「箭窗」約五尺寬、六尺高，可容兩位「箭手」同時射箭。這第一層「箭窗」，「窗檻」裡外各約四尺多「進深」。上面二、三、四層「箭窗」進深遞減，所以外觀「箭樓」或「角樓」的牆都是斜面。

「內城」南牆中央「正陽門」的「箭樓」，正面每層十三個「箭窗」，左右側面每層四個，再加「鉤連搭」下左右各五個，共有「箭窗」九十四個，是最大的「箭樓」。英國煙草公司誤認，做了「前門牌」香煙商標。其後國人以訛傳訛，也稱那座「箭樓」為「北京城」的「前門」，直到今天還沒有改正過來。「正陽門」的「箭樓」在民國三年被保留下來，基座下原本就有「門洞」貫通，只把「甕城」拆了。「正陽門甕城」特殊，原建「闉門」東西向各一座，為的是與「崇文門」的西向和「宣武門」的東向「闉門」相對。「內城」其餘同一邊城牆「甕城」的「闉門」也是彼此相對。清朝末年為修建「環城鐵路」把「內城」幾處「甕城」連「闉樓」一起拆了。沒遭拆除的幾處，大陸政權只保留了「德勝門」外的「箭樓」和「前門」的「箭樓」。

城門樓

「北京城」的「裡九外七」各城門上的「城門樓」，是朱棣建都北京的巍峨陸標，在中國建築藝術上也是難能可貴的結構設計代表作。但是「裡九」的「城門樓」在細節上都不一律，通長、寬、高也不相同。最值得一提的是那「前三門」的「城門樓」。我曾問過父親為什麼「哈達門城門樓」那樣新。父親說那是遭義和團放火燒了之後，重修的。又有記錄說「八國聯軍」的英國印度兵也把「正陽門城門樓」燒了，後經清政府重修。最近報載大陸政府才又重修完工。前幾年，大陸出版的旅遊指南還刊出「前三門」的漂亮畫面。三年前回北京探親，只看見「正陽門樓和箭樓」。「崇文」、「宣武」二「門樓」已隨「凸」形城牆一同拆除，走入歷史！這是一件很令人心痛的事。

「城門樓」、「箭樓」、「閿樓」、「角樓」都是宮殿等級。但殿頂「正脊」兩端不用「正吻」而用「脊獸」面向外。「歇山頂」下各瓦坡，蓋

「青筒、板瓦」，鑲綠琉璃「正脊」、「垂脊」、「戧脊」、「瓦簷」和各處「脊獸」。「城門樓」重簷下是第二層樓，前後有「槅扇」、左右有門，通四面「欄廊」。第一層瓦簷下是一樓，磚牆四面有紅門。以一樓格局看，那是「五楹」加四面「簷廊」，進深則是「三楹」。不知為什麼這些「城門樓」的「簷柱」與「前額枋」（向外的橫樑）的接榫處都不加「雀替」？而代之以方形「抱柱」左右各一，緊靠「簷柱」。多處「城門樓」的「簷柱」都用鐵箍，把一組木料拼裝成大柱。「額枋」也是如此做法。可見建造時，粗奘原木已很難得了。也有資料顯示「簷柱」原本就不用兩旁的「抱柱」幫襯，仍不裝「雀替」。

「外城」的「城門樓」、「箭樓」、「甕城」組合都較「內城」的簡陋。只有「外城」中央的「永定門」這項組合特別格局稍大。「廣安門」的也是小型正規「城門樓」。其餘各處都是「單簷歇山」四面有紅門的「城門樓」和「箭樓」。不過「外七」的「箭樓」都在下面開「門洞」，不另設「闉門」。這都因為「外城」根本是在財力不充裕情況下，因陋就簡建造的緣故。按原來建「外城」的規劃，是在「內城」東南西北四面全建「外城」的。

中國建築藝術走到民國時代，四、五百年留下來的硬體實物，沒受到維修上的照顧。許多朱棣當朝時規劃的樓臺殿閣，不是受天然腐朽，就是遭火災和人為拆除而消失。

「洋學生」學的是「西洋建築工程學」。「老師父」教的是「師父傳徒弟」的建造手藝。雙方是風馬牛不相及，互不相干的學術和工藝。若非朱啟鈐先生在民國十四年發現宋朝李誡編修的《營造法式》孤本，繼以梁思成和林徽因夫婦的合作倡導，中國建築藝術就有在民國時代壽終正寢的可能。幸好拜這三位前賢之賜，在西元二十一世紀到來之前，中國建築藝術尚有一線起死回生的希望。

牌樓

如果說朱棣創造的「北京城」是「中國文明的陸標」，「北京城」大街上的「牌樓」，應該被列舉為「北京城的路標」。那些「路標」曾給許多街道平添不少可歌可泣的歷史回憶。

古時帝王很注重都市計畫。他們都先把城區劃出經緯，分成許多「坊」，正式命名。然後立柱搭「牌」，那就是「牌坊」。明朝襲元朝建制也不例外。清朝把「坊」區加大。北京有許多「胡同」口，到民初時仍立著老舊「牌坊」標示街名。所謂「牌樓」則不是「牌坊」。朱棣建立的「北京城」，在幾處特定大街建立「牌樓」，為的是標出更醒目的街道名稱。在「坊」上加蓋「瓦頂」，則為使「牌」不受日曬雨淋。在牌樓建築術語上，「瓦頂」就叫做「樓」。因此把有「瓦頂」的「牌坊」叫做「牌樓」。自從國人學了「西洋建築工程學」之後，到處可見許多「有牌無樓」的「牌坊」，都是「鋼筋水泥式」的樣版。於是給中國建築藝術帶來醜態。

五牌樓

「正陽門」外，通過「箭樓」，踏上「正陽橋」，就見一座寫著「正陽橋」三字的「五牌樓」。它的格局是「五間六柱五樓」牌樓。除「北京城」內外各處名勝的莊嚴高大牌樓之外，這是大街上最大的牌樓。它敞開「五樓六柱」迎接「正陽門大街」（俗稱「前門大街」），遠望「天橋」（那是一般賣藝的通俗雜耍場，也是處決死刑犯的地方。）直達「永定門」。「前門大街」是「北京城」最大商業街，有名的店鋪都集中於此。左右許多條「胡同」擠滿了出名商號，生意鼎盛。五、六百年下來，「前門大街」的寬度由「五開間、六根大柱」大牌樓橫跨的氣派縮成一條窄街了，失去「北京城」第一條「首都大道」的威嚴。那是兩邊商號和攤販侵佔城關要道的結果。參看我畫的這張：「自正陽橋五牌樓南望永定門」（圖五）。原物已在「七七抗日戰爭」前捨木架改建「鋼筋水泥」新牌樓，但仍淪入歷史，實在可惜！

四牌樓

「四牌樓」是四座牌樓的意思，不是「四間五柱」格局的牌樓；所以不屬「五牌樓」那一系列。朱棣的皇都佈局遵守「前朝後市」之制。在「內城」的「東城」、「崇文門」以北的直線大街，與「朝陽門」以西的直線大街九十度交叉口建立四座「三間四柱三樓」牌樓，成雙南北、東西面對。也在「西城」、「宣武門」以北的直線大街，與「阜成門」以東的直線大街九十度交叉口，建立同格局四座牌樓。這樣構成「東城」和「西城」兩個大菜市。兩處十字路口的地名就分別叫做「東四牌樓」和「西四牌樓」。兩份四座牌樓的「牌」上，東邊的寫「履仁」，西寫「行義」，南北都寫「大市街」。「東四十字路」：東是「朝陽門大街」、西是「豬市大街」、南是「東單牌樓北大街」、北是「東四牌樓北大街」。「西四十字路」：東是「馬市大街」、西是「羊市大街」、南是「西單牌樓北大街」、北是「西四牌樓北大街」。

以「東四牌樓」為例，每天清晨五更前，天剛矇矇亮，各種民食貨色就已聚集在十字路口一帶。擠滿的人和貨形成橫豎各一里多長的大十字，交通完全斷絕。人聲嘈雜，蔬菜雜陳。人行道上賣早點的更是擁擠不堪。尤其那條「豬市大街」，叫賣聲和殺豬聲互相唱和，增加不少熱鬧氣氛。每天正午以前收市。標榜「仁義」的交易都按批發價買賣。零售店舖和小販都到「東四」和「西四」整躉，回去零售。家庭則用批發價買回新鮮魚肉蔬菜，節省開支、滿足日用。

約在民國十五、六年間，北洋軍閥政府有意把「東四牌樓」和「西四牌樓」拆除，引起北京教育界人士的反對而作罷。教育界意見認為「東四」、「西四」是「北京城」日常生活的重要「路標」，拆除兩處牌樓，有如挖去「北京城」的雙目，破壞「北京城」的五官。後來全仗北平市長袁良先生於民國二十三年，獲得上百萬的中央補助款，對北平各處中國建築名勝加以維修。多處熬過幾百年的牌樓都改用「鋼筋混凝水泥」改建。「五牌樓」、「四牌樓」都在那時得以延長壽命。城外「昌平十三陵」

的「稜恩殿」就是那次整修的。「稜恩殿」是比「太和殿」尺寸還大的中國建築。「北京城」宮殿建築的琉璃瓦頂和漢白玉欄杆受酸雨的浸蝕，不知要多少經費才能加以妥善維護！

不過好景不長。鋼筋混凝水泥的「五牌樓」和「東四牌樓」、「西四牌樓」，竟逢大陸北京當局在重新規劃北京街道時，遭到拆除的命運！

三牌樓

「三牌樓」也是「三間四柱三樓」格局，並非如「四牌樓」表示座數，且是「開間」比「五牌樓」還大的壯麗牌樓。建在「東、西長安街」中段各一座，東西向。兩個「長安街」是「北京城」最寬的大街，民國時代最早鋪成柏油馬路。這兩座最值得留戀的三開間大牌樓，彩繪鮮明、木架挺拔、結構不顯腐朽彎曲。「牌」上的「東長安街」、「西長安街」字跡仍清晰易辨。民國三十七年，北平被共軍包圍，城南「南苑飛機場」陷入共軍之手，我方空軍倉卒決定改用「東長安街」馬路做飛機戰略跑道。不得已，這座首當其衝的「東長安街」牌樓只好為戰爭而犧牲。參與拆除工作的一位木匠師父在一塊拆下的木料上，看見當年建造時，工地木匠留下的姓名和日期，很有些感傷。他認為幾百年前建造的人尚可得到留名的機會，他這個參加拆毀的人當然無從留名；但不免自慚罪孽深重。

單牌樓

「崇文門大街」和「宣武門大街」北端分別與「東長安街」和「西長安街」呈「丁」字相接。那裡都建有南北向的「三間四柱三樓」牌樓一座。那兩處地名也分別命名「東單牌樓」和「西單牌樓」，是表示單獨一座牌樓的意思。小時並沒注意這兩座「單牌樓」。常出「崇文門」去姥姥家，倒見過一座藍琉璃瓦漢白玉的石頭大牌樓。也是「三間四柱三樓」，建在「東單牌樓」稍南位置。民國十二年，那兩座木架牌樓就被拆除了。較早在民國八年左右，這座漢白玉石牌樓也不見了。

原來西元一九一四年「一次世界大戰」爆發，一九一八年德國戰敗。北京政府以中國有戰勝國的身分和權力，把那座石牌樓移到「中央公園」（由「社稷壇」改闢的）去了，命名「公理戰勝碑」，紀念中國參加「一次大戰」獲勝。

論事應避免本末倒置，這其中尚有一樁大事。西元一九〇〇年六月，清政府利用義和團消滅洋人。有一個名叫恩海的清兵，在「東單牌樓」附近，槍殺了德國駐華公使克林德（德文名是Baron Von Ketteler。是否德文音譯是「克林德」？不詳。）因此挑起八國聯軍破北京，清政府吃了敗仗，並賠償軍費的奇恥大辱。史家則慶幸中國未遭八國瓜分。

那位清兵恩海槍殺克林德之後，把屍身上的一隻懷錶掠為己有，到當舖當了銀子，以為那算是戰利品，應該沒事。不料被一位在日本使館當差的中國人內奸在一家當舖裡查到那隻懷錶，上面刻著「克林德」簽名。於是追查出當物原主恩海。他被捕後，直言奉命執行上官命令不諱，並拒絕串證是酒後爛醉所為。遂被押給德國佔領軍，遭砍頭處死。「八國聯軍」方面要求清政府為德國公使克林德建立紀念碑，選在「東單牌樓」附近出事地點。那就是北京人周知的「克林德碑」，也就是那座藍琉璃瓦漢白玉的「三間四柱三樓」格局大石牌樓的來歷。那是清朝給朱棣的「北京城」添的另一「掛彩」！

後來，「一次世界大戰」德國既然戰敗，一群駐「使館界」的法國兵在慶祝戰勝之餘，爬上那座「克林德碑」，用斧頭把琉璃「瓦樓」砍個稀爛。北京政府不敢對法國使館提出抗議，啞巴吃黃蓮，只想出一個遮羞的辦法：把遭毀的石牌樓解體並加整修，移入「中央公園」，立為紀念戰勝德國的「公理戰勝碑」。那是西元一九一九年的事。

大高玄殿和孔廟牌樓

「景山前街」實際是「紫禁城後街」。出「神武門」跨過「筒子河」石橋，踏上惟一的這條東西向橫街。從這裡西行是「北長街」，往南過「西華門」是「南長街」。東行是「北池子」，往南過「東華門」是「南池子」。如東行可達「北京大學第一院」（有名的「紅樓」已遭拆除）。「大高玄殿」則在「景山前街」西口處，「紫禁城」「西北角樓」「筒子河」轉角北岸上。「大高玄殿」三座「鑲牆琉璃大門」前左右各有一座美觀大牌樓，也已由木架改建成「鋼筋混凝水泥」大牌樓（這類新牌樓都免用「撐木」斜撐大柱）。只可惜原設計選了「九樓」大格局，弄得「梢間」與「明間」兩份「夾樓」的「正吻」與「斗栱」互相衝突，是意想未周的缺點。

「孔廟」的四座牌樓都排在「成賢街」上。計東西街口各一座，「先師廟」正門東西兩旁各一座，同是一式「單間二柱一明樓二邊樓」格局四座。「邊樓」外柱用「垂柱」，不落地。「牌」上都寫著「成賢街」街名。

這兩處牌樓與「孔廟」東鄰「雍和宮」正門的三座大牌樓都已改建「鋼筋混凝水泥」式，沒遭拆除。「雍和宮」並非朱棣時代的規劃。那是清朝胤禎太子的私邸。太子登基後，捨為蒙藏喇嘛廟，也算給朱棣的「北京城」額外添的輝煌點綴。

結論

朱棣建造的「北京城」是中華民族從秦始皇統一天下之後（西元前二百四十六年，至今約二千二百四十年），中國人仍能親眼看得見的都城；也是大家足以自豪的寶貴遺產。看到或想到「北京城」就可令人回憶許多「北京城」的往事和歷史，增添中國人引以自豪的資料。現在「北京城」中央的「小圈」算是保住了。「中圈」早已毀在北洋軍閥之手。十幾年前大陸當局又盡撤「北京城」藩籬，「凸」字形的「大圈」就不再見。除了「正陽門城門樓」和「箭樓」、「德勝門箭樓」、「東南角樓」之外，沒留下「大圈」上任何足資紀念的陸標。幸虧有「小圈」做了朱棣的「北京城」代表；否則宋朝李誡編修的《營造法式》領導之下的中國建築工程成果將到那裡去尋根?!朱棣建造的「北京城」三圈城牆，有些城磚在製坯時，曾留下窯名和燒製年月，其後明、清兩朝維修各段城牆時，也在磚坯木模上刻著窯名、驗證官名和年月，並且在各工段安置記事碑，留給後人追念。這些歷史證物，不知北京當局可曾加以收集？或交給歷史博物館珍藏陳列？

這篇文字和幾幀插畫是我以北京人的身分對「朱棣的北京城」做的追憶。提起這項工作，我們老時代的文人實在沒有洋人那樣幸運。第一、自己人沒發明照相機，對許多中國建築名勝不能攝影記錄。第二、沒人創出製圖技術，教導他們如何用手繪記錄圖。第三、他們自己只學文史，沒有機械思想，連一里合多少丈、東西南北等方位遠近都敘述不清。所以中國自己的典籍很少有記錄性、檔案性的資料，留傳下來。

本文提到的「尺」是中國的「營造尺」。推想自宋朝皇帝趙煦命李誡編修那部《營造法式》之日起（約當西元一一〇〇年），宋、元、明、清四朝包辦皇家建築工程的人，用的就是「營造尺」。折合公尺：一營造尺等於三十二公分，或一公尺等於三·一二五營造尺。一里等於一百八十丈。一畝等於六十方丈。

本文也提到中國建築過去所用的建材都是天然產物，禁不住歲月的考驗；又說重視中國建築藝術價值本是洋人首先提倡的。洋人在這方面的具體貢獻是：他們把「北京城十王府」地區中的一座綠琉璃瓦「豫王府」改建成「綠琉璃瓦歇山頂」鋼筋混凝水泥、宮殿建築、外中內西的「協和醫院」。從那次首創之後，再加以朱啟鈐、梁思成、林徽因的起死回生努力，才引出諸如「南京中山陵」、「廣州中山紀念堂」、「國立北平圖書館」、「南京鐵道部」、「上海市政府」等等一系列鋼筋混凝水泥、琉璃瓦宮殿式中國建築的陸續出現。只可惜，民國以來中國建築工程學術界，仍未舉出一部完整的《中國建築工程學》問世！這與中國各大學的「醫學院」只承認「西洋醫學」為中國官方醫學，取的是同一落伍觀點。

我國過去駐聯合國代表蔣廷黻博士年輕時，去北京大學求學。到了當時的「北京城」一看，曾感嘆著說：「現在我才知道我們民族的偉大。……我們的祖宗能有這麼偉大的建設……。」那樣壯麗宏偉的「北京城」不是一天造成的！記錄、敘述、描寫、追憶、搜集中外有關朱棣建造的

「北京城」的事蹟、史蹟……工作，也不是一天能完成的。今天我們在欣賞、感謝明朝皇帝朱棣給中國人留下的這座「北京城」之餘，由衷的希望從這篇文字和插畫所拋的一塊「青城磚」，能引出下列幾塊「漢白玉」，使中國建築藝術再度發揚光大於全世界：

一、對朱棣所建設的「北京城」作不斷的探究。

二、「北京城」的小圈「紫禁城」能在經常維修之下延續壽命，並能使已消失的宮殿建築復原，後添的「違建」拆除。

三、「中國建築工程學」能由《營造法式》演進成正宗中國建築工程科技學問。

四、研究新建材，以延續中國建築藝術，使中國建築的新建工程不輟。

第四輯

屬於中國文明的車和轎

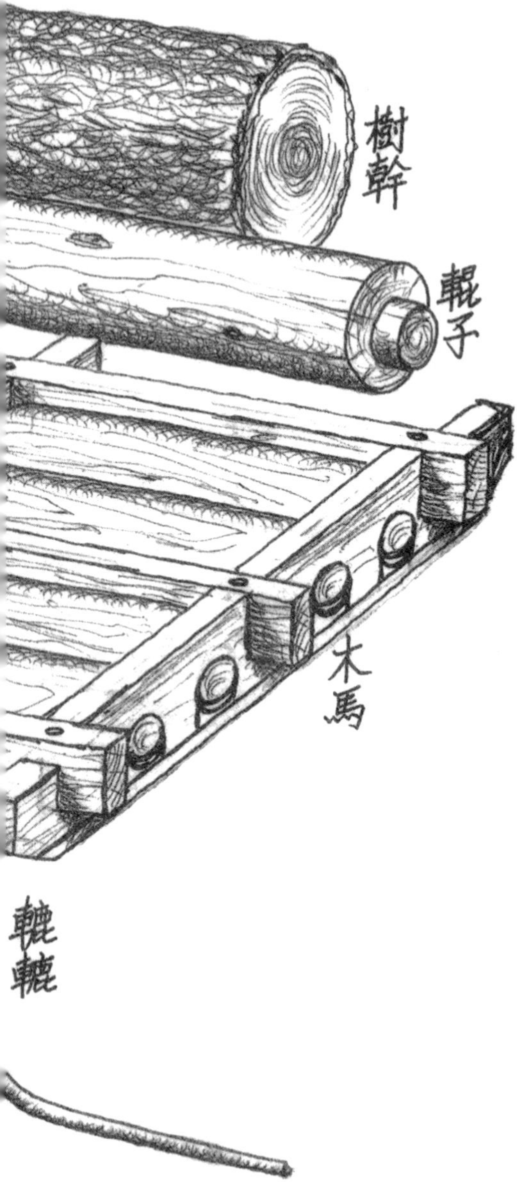
樹幹
輥子
木馬
轆轤

車輪溯源圖
轂轆
車輪
喜樂 78,

車輪溯源

中國什麼時候有的車輪？人類什麼時候有的車輪？都是很難考據的問題。我們中國人只知道黃帝時代已有指南車。推論車輪的創作應當在應用於指南車上之前。

人類發展成功車輛這段過程應源自看見砍倒的樹幹能從斜坡上輥下這一現象，因此利用木棍當「輥子」是很自然的事。光復以前，臺灣尚使用一種名叫「木馬」的運材車。那匹「木馬」裝載木材下山，是在一組木框下邊裝一排「輥子」，人在後面推著綑好的木材走。所以可說「輥子」是「車輪」的祖先。

直徑大的「輥子」，長度適中，中心開孔，安一根軸可以做絞盤用，叫做「轆轆」。直徑更大些的圓木，取更短的一段，也在中心孔裝軸，就成了「轂轆」。把它裝在一個架構上，於是造成車的雛型。進一步有需要使用直徑較大的「轂轆」，截一段圓木已不適用，就改用木板製做。這時「轂轆」仍然脫離不了原始形態，也尚未走到稱為「輪」的階段。至今一部分同胞仍管「車輪」叫做「轂轆」。「輪」是直徑更大、構造更合乎力學，製作上也必須遵守木工施工程序的設計。這類關於「車輪」的發展歷史，都不易從中外典籍上查得到。

八年抗日戰爭時期，中央研究院曾有一位王天木先生在成都開過一次「中國古代車制」的研究發表會，講解各種古代車輛的構造細節，陳列不少圖樣和說明。圖樣是按「機械三面圖法」用繪圖儀器繪製，用的是厚銅版紙以黑線繪成。圖上車輛的各處名件都用ABC……英文字母標出，與說明對照。搜集的資料包括車名、朝代、使用者的階層，主要尺寸及零件名稱等等，非常詳盡，引用的資料都有典籍上的根據。王天木先生確是自中央研究院成立以來第一位研究「中國古代車制」的用心學者。

不過，王先生所研究的車制僅限於古代帝王將相所乘坐的車種，並不代表中國古代社會所使用的一般交通運輸車輛。那是由於我國歷代的典籍都由「讀中國文學系的文人」所著作，記載的內容只能看是文學和歷史參半。過去大多數的文人又對工匠技藝和物質方面的知識不加聞問，才使許多值得記錄的中國古代物質文明無法傳授下來。今天我們從「清明上河圖」等等畫卷上可以看到些古代的車船肩輿，從《三國演義》上得知諸葛亮用過「木牛」、「流馬」一類的運輸工具。而那些東西的詳細構造就很難教現代人意會得出。有人說所謂「木牛」就是四川的「雞公車」，所謂「流馬」就是能在田壠水溝裡用縴繩拖著走的「串聯小木船」。對這類說法也只能姑妄聽之，就算有圖為證也無法「按圖施工」製造出真東西來。所以現代人想一窺中國人自己發展的交通運輸工具實在難上加難。

今天，西洋工業先進國用一世紀工夫，竟把路上行的、水上游的、天上飛的、海底潛的、太空飄的……種種交通工具發展成科技工業的奇蹟；同時也使中國在交通運輸工具上的成就相形見絀，並在民國建元以後二三十年短短時間以內相繼遭到被淘汰的命運。如今中國本土早已看不見它們的蹤影。中外各處博物館連模型都不收集。現在推測：既然黃帝打蚩尤的時候就已使用了指南車，那麼在清末民初仍然在使用中的許多屬於中國文明的車和轎，也應該是經歷幾千年演變而成的交通運輸工具。用了這樣久的工藝品如果再不用圖樣和文字記錄下來，過不了多少年，中國人就要把它們忘得一乾二淨，實在是一件很可惜的事。中國物質文明的成就無人用「檔案文學」記錄下來是使中國人的後代忘本，又進一步以自己祖先為恥的根本原因。現在就記憶所得，又參考能得一見的資料，把幼時親眼見過的，屬於中國文明的六種車和轎，用圖樣和文字說明介紹於讀者面前。目的無他，只在為中國物質文明的歷史加添些將被湮沒的寶貴資料，提高國人對中華民族過去成就的自豪和自尊。

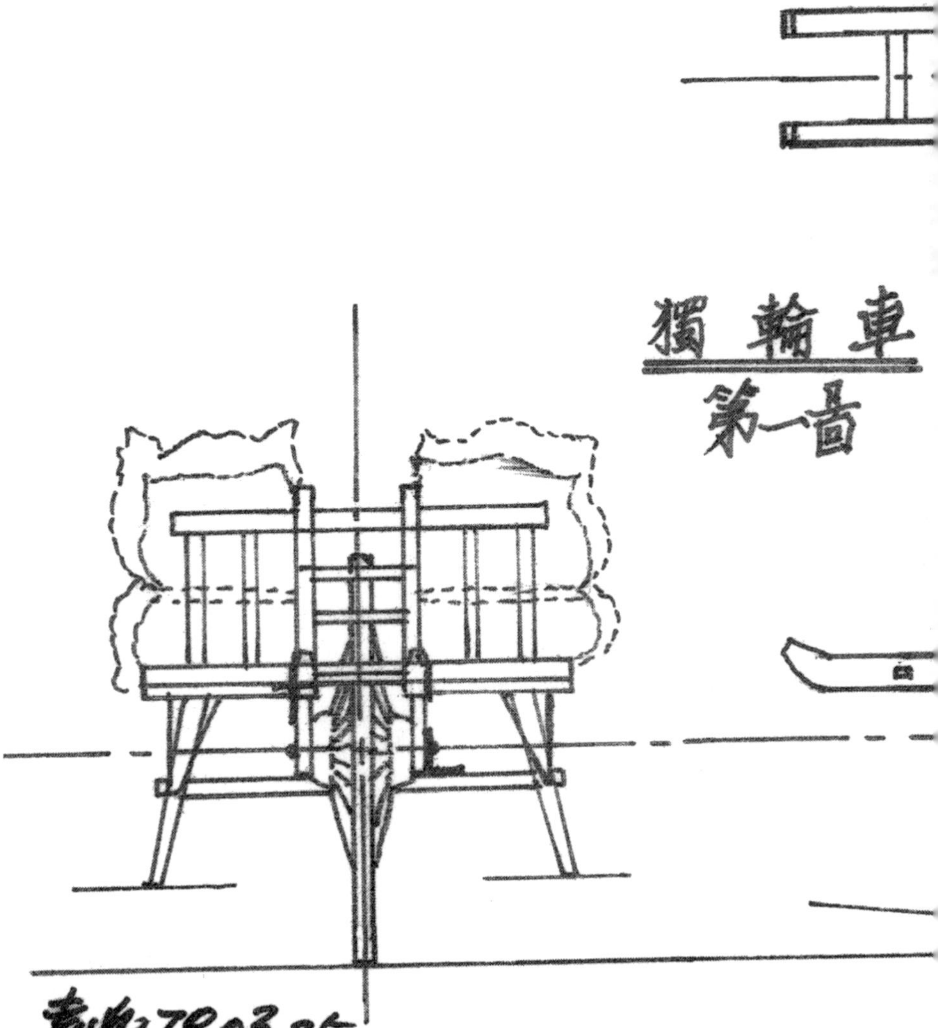
獨輪車
第一圖
喜樂78.03.25.

獨輪車

中國各地都有獨輪車。它只有一個車輪裝在車身中央，任何羊腸小道都可通行。因此人口繁密的地區使用獨輪車非常方便。在四川常見的雞公車是獨輪車的「迷你型」，木板式的「轂轆」直徑不過五十公分左右，由一個人推著走，與歐美的 wheelbarrow 正好相比。

「雞公車」的主要結構是拱形靠背椅式車身架在一個「轂轆」上，乘人載物兩用。有兩根長車把，由兩端裝鐵鈎的帶子勾住車把上的鐵環，搭在推車人的肩上，雙手握住車把推行。車輪外圓裝的「鐵圈」洋人叫做 tire，中譯「胎」。「雞公車車輪」上裝的是「鐵箍」，它的斷面是「倒凹字」形。推車在土道上，「車輪」的「鐵箍」，把小路表面的潮土軋進凹槽成硬塊；因此增加地面硬度承托「轂轆」，使土不致因壓力而向左右分開，也不致把路面軋成深溝下陷，以致產生推車的阻力。這是中國人的智慧表現。

獨輪車在黃河平原一帶叫「小車子」。車身較四川的「雞公車」大得多，結構也趨複雜。主要因為車身中央的「轂轆」已進步到可稱為「車輪」的等級。參看第一圖。

「車輪」是由「轂」、「輻」和「輪盤」三大原件組合而成。「輪盤」外圓所裝「鐵箍」型式須視車種和載重能量而定。「小車子」的「車輪」所裝「鐵箍」沒有凹槽。「車輪」的直徑是否各車種相同，或「小車子」的直徑稍小？無考。「小車子」用的「轂」是把一段圓木的兩端直徑鏇小些，中央裝鐵質或硬木「軸」，兩端凸出「轂」外，固定不動。「轂」的外圓中段鑿兩排榫眼為裝兩排「輻」之用。「輻」是扁方木條，每排九根，兩端做成榫頭，一端嵌入「轂」，另端嵌入「輪盤」。「輪盤」是由六件扇形木板用陰陽榫頭互相嵌合組成。由「轂」、「輻」及「輪盤」組成

「車輪」，最後裝「鐵箍」。裝時要先把「鐵箍」燒紅，同時在「輪盤」外圓澆水，趁紅熱把「鐵箍」套上帶水的「輪盤」，調整位置正確之後，再澆水使「鐵箍」冷卻。這時「鐵箍」圓徑冷縮，把木製「車輪」箍緊。「車輪」是木製車輛上最堅固的組件。

「輻」分兩排裝在「轂」上，外端嵌入單排「輪盤」榫眼。這種設計正與自行車的做法不約而同。「輻」從「轂」上的雙排變成單排嵌入「輪盤」才能形成「三角架」結構體。「三角架」在結構上稱做「安定結構」(stable structure)。這樣的「車輪」才能承受來自左右的側方撞擊。把「安定結構」應用在獨輪車和自行車上，以及現代用鋼絲輻條裝成的車輪上都是同一目的。試想中國的木工老師父早在多少世紀以前就已懂得這項結構設計了。

獨輪車的車身是由一個略成「A」字形的主架構成。在「A」字正中搭上兩根大樑，裝上兩件硬木「軸承」夾住「轂」上的左右「軸端」。「A」字兩邊空間發展成載重的平臺。車身「A」字短橫接點處下面各裝一隻支腳，與「車輪」著地點構成「三點著地」形勢在地面放穩。「車輪」的上半露出車身上方，要用一個「護輪架」擋住，以方便乘人和載物。

把車「軸」膏上黃豆油，裝好貨物或坐上人，推車人把「肩帶」鐵鈎掛住「車把」上的鐵環，雙手抄起「車把」準備上路。這時推車人必須握穩了「車把」試試左右是否平衡、前後有無輕重。如有的話，都要重新把載重分配一下；因為獨輪車的重心必須落在「車輪」上，左右不可有輕重之差，前後只可有少許重量經「肩帶」壓在肩上，這樣才容易掌握控制和足夠的推車力。但是土道都是崎嶇難推，獨輪車左右難穩，推車人必須在車身左傾時，把車推轉向左、右傾轉向右，同時反向壓車把。所以推車人的一雙眼睛永遠盯在中央的車輪上，觀察左右傾的趨向和前面推進的路況。

有時載重大或路途遙遠，必須帶著一位少年用手握著車前的構架，用力幫著向前拉。如果路上遇到順風，可以在「護輪架」上撐一張布帆，借些風力推車節省推車人的體力。如果中途意外翻車，就要先把車上的重物卸下來，用車前伸出的兩根主樑前端觸地，手臂拉住「車把」，把車子從側躺狀態翻正穩在地面上。駕獨輪車載人運物是極費體力的工作。沒有推車功夫的人不能使用。

歐美人的 wheelbarrow 恐怕是諸葛亮使用「木牛」之後才創作的，目前在土木建築工程工地常見的：重心靠後，又不在肩上掛「肩帶」擔負大部分載重，而由推車人用雙臂連抬帶推，相形之下實在是不很聰明的設計。

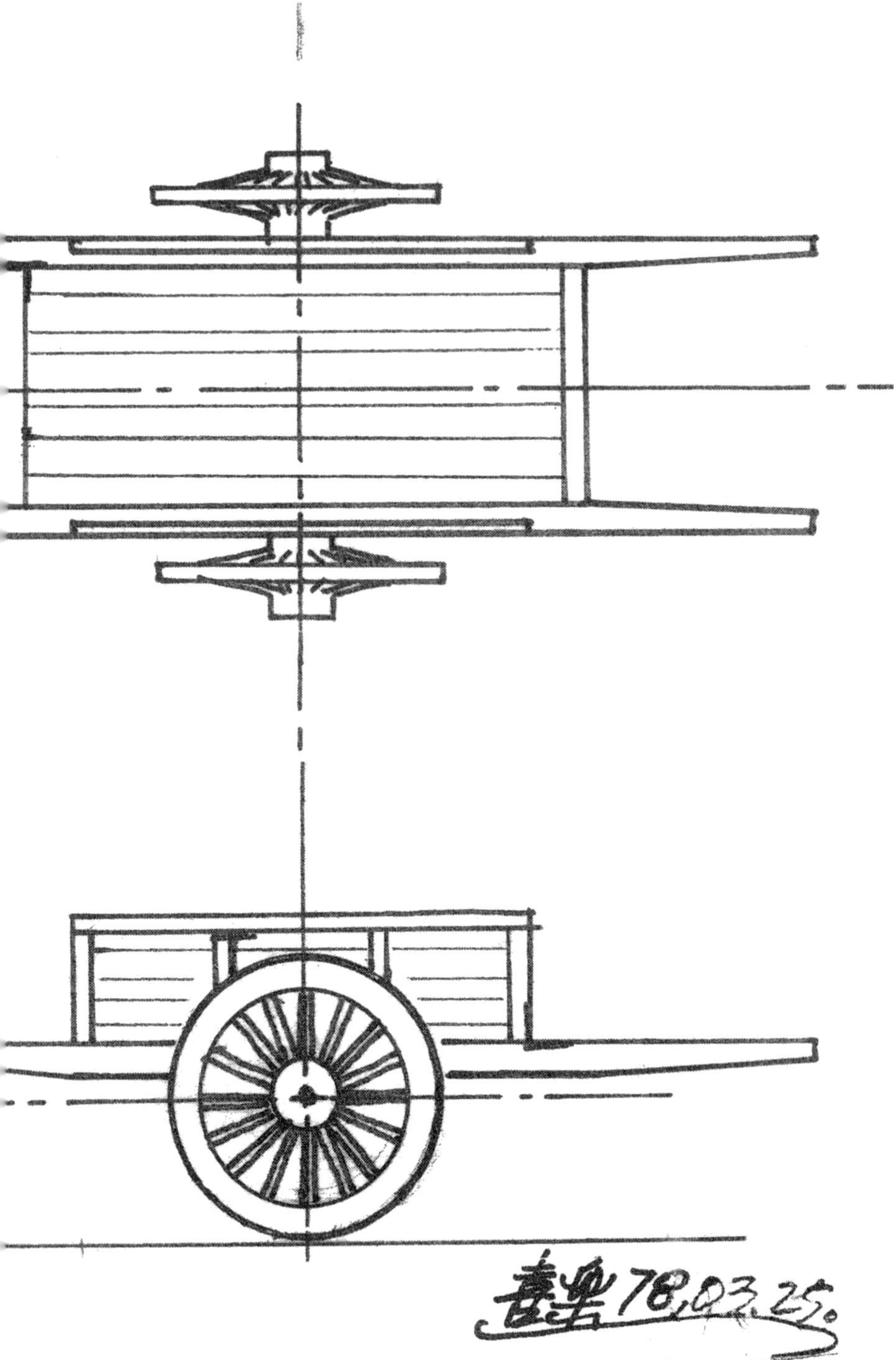
78.03.25.

排
第

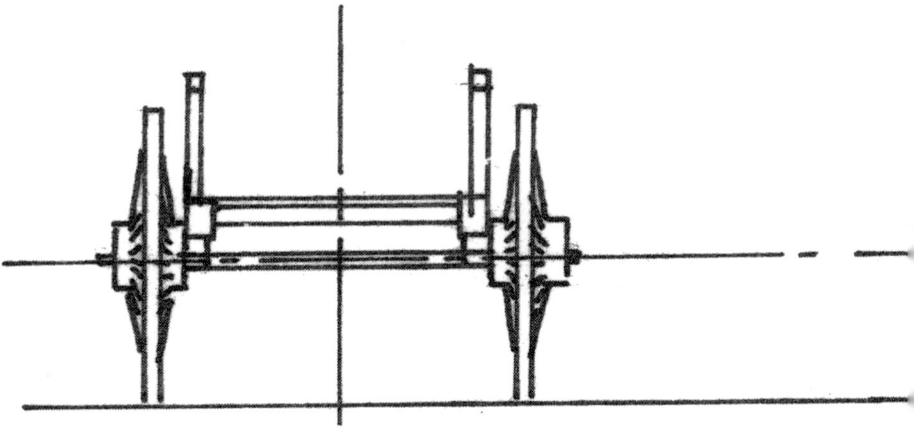

排子車

排子車又叫做「手車」，是用人力拉著走的雙輪車。輕便的由一人拉著運送東西，載重不多。排子車應是歷史較年輕的車輛。都市中路面平，運貨不多，行程又近才用這種雙輪車。

車身是由兩根「車轅」構成長方形的板床，左右安裝「護欄」擋住兩旁的「車輪」。鋼鐵製的車「軸」就裝在板床下面。兩個「車輪」的構造與獨輪車所用的略同。只是「轂」的中央不再裝「軸」，而是鑿成中心孔，兩端裝鐵「軸承」、接納車「軸」，膏油後很容易轉動。拉車人用雙臂駕轅，用「肩帶」套在一邊肩上。全車重心調在「軸」後，以減輕雙臂上抬的力量，肩膀只負向前拉車的功用。排子車裝「車輪」的方式與近代汽車和自行車相同，獨輪車的方式和火車相同。抗戰末期許多排子車已改裝報廢的汽車輪了。參看第二圖。

排子車在長江一帶不設「護欄」，叫做「板車」，抗戰時後方四川用得最多。一個人駕轅，他的頭銜是「中槓」。因為載重大又走遠路，車前左右各加兩人用繩牽著走；車尾再拴上四條繩由左右各二人向前拉。遇到上坡路段，「中槓」口唱小曲或說些粗俗不堪的詼諧笑話，給八位夥伴打氣加油，夥伴們笑著唱和，一路「哼嗨喲」把重載拉上高坡。「中槓」不必費力拉車，只用雙臂兩手壓住「車轅」，控制重心平衡和車行的方向，同時用行話指揮左右夥伴出力調整平均。遇下坡路段，「中槓」一聲令下，八個夥伴一齊向後轉到車後，把車向後拽產生煞車作用。「中槓」駕轅的功夫全在下坡路段施展出來。他是同伴中的「總司令」，工資也最高。抗戰八年的日子後方運輸工作由「板車」貢獻汗馬之勞。有道：「陸軍中將不如板車中槓！」

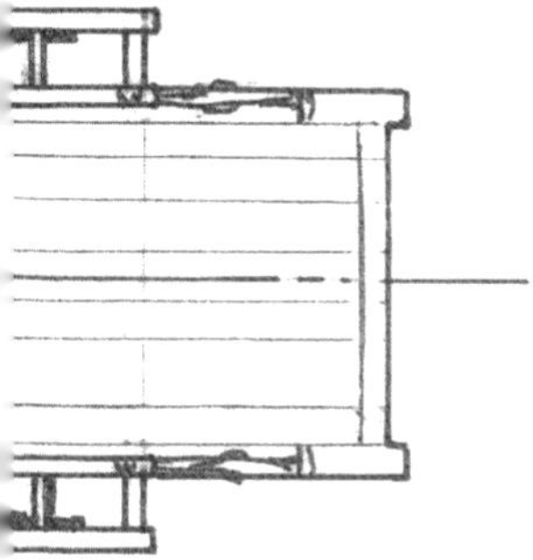

大敞車
第三圖A

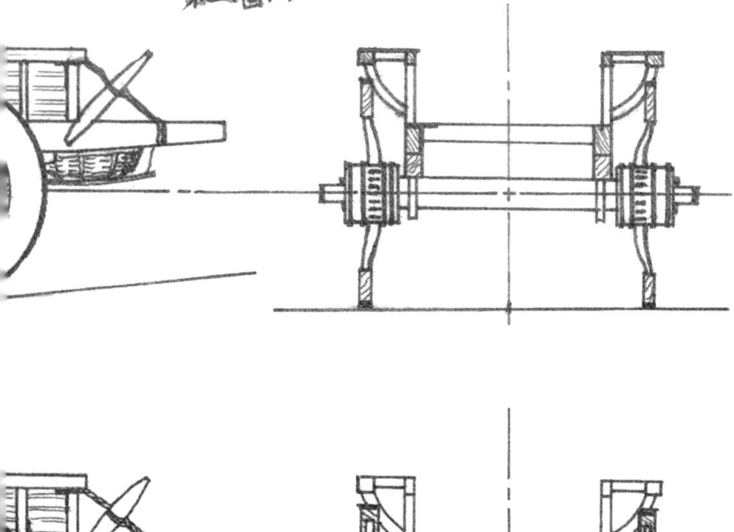

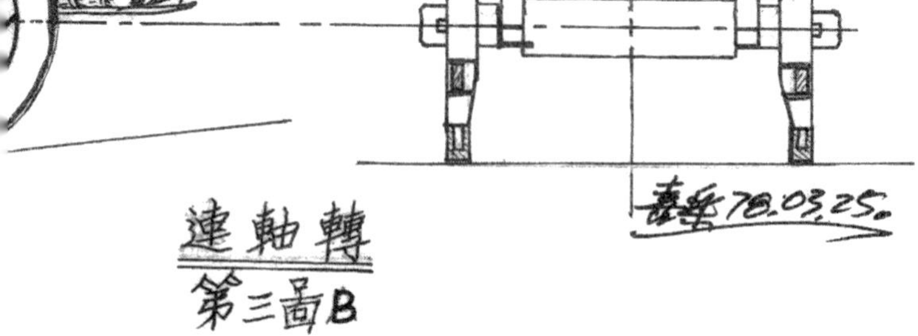

連軸轉
第三圖B

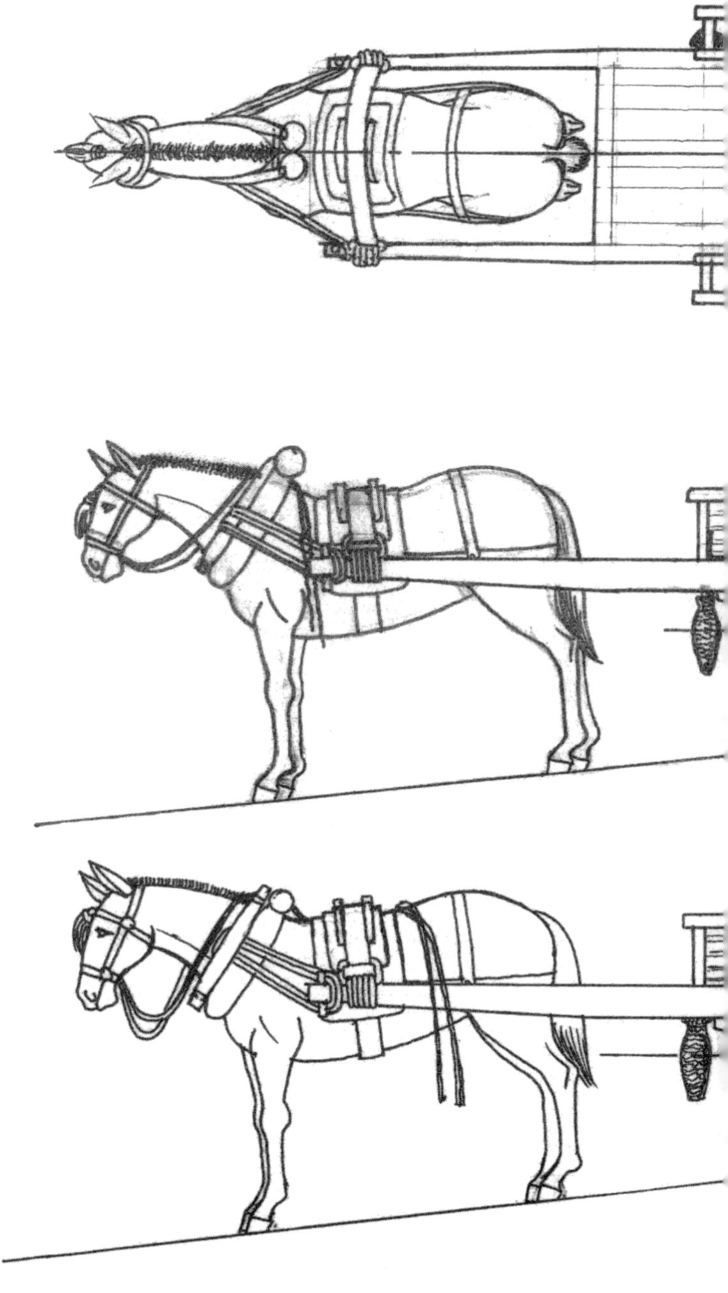

大敞車

大敞車是黃河平原上下游和關外東北地區的主要運輸工具。型式與排子車很相似，只是結構尺寸載重都大，用一匹騾子駕轅。載重超重又要長途跋涉時，車前要增加驢、騾或馬套上韁繩拖拉。所以大敞車論「套」，「幾套車」就是由幾匹牲口拉的車。參看第三圖。

大敞車是無篷的兩輪車。「車輪」的構造與排子車所裝的屬同一設計，不過處處尺寸較大。到底是為牲口拉的車，空重可抵排子車三四輛。車身的「轅」、「板床」、「護欄」自然是一輛大敞車的主體。安裝車「軸」的部位，那一段「轅」下還要加一段「短樑」補強「轅」承受「軸」所擔負的一半全重。「軸」是用一根圓木製造，中段粗，兩端套上「車輪」

的圓徑略比拳頭大些。「軸」是用兩根短方柱卡在每邊「短樑」下面與車體定位。兩端套「車輪」的圓徑上嵌四條鑄鐵承受輪「轂」上鐵「軸承」的旋轉摩擦。「車輪」裝好之後，在「軸」端插一個「鍵」擋住「車輪」，使它不能脫落。每輛大敞車都帶一簍黃豆油，隨時往「軸」上膏油潤滑。在車身尾部下面還要帶著牲口吃的草料，用一個大竹矮筐掛起來。有大小兩個布口袋，大的裝草，小的裝料。草是稻草或麥稭用鍘刀鍘成二、三公分長。料是麥秩和各種雜糧的渣滓合成。餵牲口時，倒些草，加兩把料，灑些水拌一拌，牲口就低頭在矮筐裡吃起來。

說「車輪」與排子車的「車輪」屬同一設計，仍有分別。第一，「轂」上裝的「輻」是單排，不是雙排。為得到「三角架」的「安定結構」作用，「轂」加大直徑約有三十到四十公分才能以單排鑿出十六個榫眼，為裝十六根「輻」❶；「輻」也特別尺寸大，是斜向一邊裝的，使輪盤撇向車身外方。第二，「轂」的中心孔也大，須能容入「軸」兩端的

❶：正確輻數是十八根。

圓徑；「轂」的裡外兩面要裝鐵製的「軸承」。第三，為防鑿了單排榫眼和中空的「轂」裂開，外圓加四道「鐵箍」，中央兩道最重要，夾著那一圈斜向的「輻」。

「輻」既是十六根，輪盤一定要由四塊扇形木板組合而成整圓，每塊含九十度。如果「輻」是十八根，輪盤可由六塊扇形板組成，每塊含六十度。六十度的彎料很容易從樹的支幹上取材。

但是東北大敞車的「車輪」、車「軸」和安裝法又與關內大敞車有別。關外的別稱「連軸轉」，就是「車輪」與車「軸」裝在一起固定，不能相對自由快慢前後轉動；而是車「軸」在「轅」下轉動。「轅」下短樑下方開一個半圓槽扣在「軸」上，膏油轉動，與火車和賽車的裝置相同。關內的大敞車「車輪」與汽車、自行車的相同。「連軸轉」的車身隨時可以與「車輪」這套組合脫離。時常見到「連軸轉」遇到顛簸不平的路，車身被顛脫了軸而拋錨。到底半圓槽扣住車「軸」，又加上黃豆油，很容易滑脫。

關外「連軸轉」的「車輪」輪盤之內沒有「輻」和「轂」，代替的是一份如「廿」這個字形的組合件。「廿」的六個端點與輪盤嵌合。參看第三圖。在「廿」形組合的中央與「軸」嵌合。這樣才使左右兩「車輪」連成一體與「軸」一齊轉動。關內大敞車兩個「車輪」單獨轉動，所以在路上轉彎自如。「連軸轉」轉彎時，其中一輪打滑或兩輪一向前一向後打滑。這在全年四五個月都是冰天雪地的東北，「連軸轉」在冰雪地上打滑轉彎不是問題。

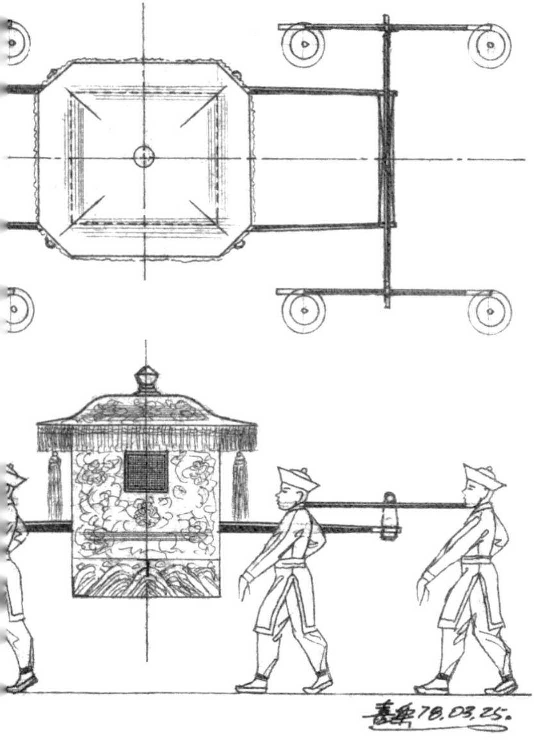
78.03.25.

轎子

轎子是中國文化的「專利品」。英文名詞中只有一個字：sedan，中譯「轎子」。筆者孤陋寡聞，看了這麼多年的英文書報雜誌和譯自英文的長短篇小說和文章，尚未見在何處提過英美人士也坐轎子。現在他們把某型乘人汽車命名為sedan，我們譯稱「轎車」，一方面可以解釋為：近代洋人根本沒坐過轎子，只好用大量生產的「機械車」過一過坐轎子的癮；另方面我們自己這半個多世紀以來也沒人坐過轎子，便把中國人的這項「專利品」忘到九霄雲外，以為「轎車」是洋人的「專利品」，屬於中國的車不可也叫「轎車」。

我國各朝各代都看重轎子。上自皇帝王公大臣乘轎子出去辦事，下至平民新娘子還要坐花轎出閣結婚。現在先從新娘子坐的花轎談談八人大轎的資料，以為代表；從前皇帝乘的「龍輿」也是八人抬的，只是細節更考究罷了。

中國的轎子是從簡單的肩輿發展出來的。但是這並不是說轎子的構造是由簡入繁，把轎子搞成千斤重的累贅。相反的是：從二人抬發展到四人抬，再到八人大轎，都是輕飄飄的，極舒服的乘人交通工具。抬轎子的「轎夫」都經過嚴格訓練。從他們抬著轎子走起來的整齊步伐和悠閒姿態就可看出：不論是幾人抬的轎子，轎子本身絕不是一件笨重設備。長者常說：「遠了無輕載。」轎子若太重，怎麼抬著走遠路？皇帝確實自備有十六人抬的龍輿。

俗諺：「蜀道難，難於上青天。」四川這個特殊地區便給「滑竿兒」闢出一個發展機會。「滑竿兒」是二人肩輿的一個特例，是用兩根長竹竿，兩端橫搭竹板扛在雙肩上，中間架著一把躺椅，乘客半坐半躺，雙腳蹬著一條橫竹，手拿書報邊走邊看。抬滑竿兒的上坡下坡如履平地，走起來飛快。只聽見躺椅綁在兩根光滑的竹竿上發出「滋扭、滋扭」的樂聲，伴著竹竿上下顫巍的節奏。如果不時側目下望，可能是萬丈深淵，嚇得乘客魂飛天外！蜀道都開在山側，又窄又高又險。

乘八人大轎則不同。參看第四圖。以新娘子第一次坐花轎為例，她是盤腿坐在一間小屋子正中，下面是厚紅氈墊子，後面有靠背，兩邊有扶手。轎內前後左右、頭頂上面都襯好粉紅緞裡子。左右各有一方黑紗窗，她看得見外面街景，街上的人看不見她。前面下半是一塊轎圍子，人入轎之後扣好，上半是轎簾子也要扣好，全是轎圍子的一部分。座墊下面與轎底之間有夾層可存放隨轎雜物。為調低重心，須放幾塊紅磚（用紅紙包的青磚）壓重，使轎子走起來不致左右搖晃，避免上重下輕，發生翻覆的危險。老時代的新娘子根本不知道自己被嫁到什麼地方，從轎內向外看沿途街景應該可以判斷一下。

一檯花轎包括「轎身」、「頂蓋」和一組「轎杆」。「轎身」是一件用硬木製造的精緻窗欞型長方立體槅架，前面敞開為乘者上下進出，左右各開一個方窗，下面是夾層，頂上、後面和左右都是窗櫺結構。「頂蓋」用竹條製造，為的是易於撐成曲線，並且質輕，方便抬上抬下；備有四件支腳，可裝入「轎身」四角榫內；抬下時則利用支腳把「頂蓋」放在地面上。「頂蓋」上面中央裝一個「轎頂」，分黃銅和白錫兩色，都擦得和電鍍的一般閃亮。「頂蓋」和「轎身」都用紅緞繡花「轎圍子」包圍起來。娶親的花轎繡的全是「龍鳳呈祥」或是「富貴牡丹」一類吉祥圖案。所用絲線不外粉紅、翠綠、藍、白、金、銀等色。一檯花轎的外觀用「花團錦簇」四字形容，可當之無愧。

一組八人大轎的「轎杆」包括兩根「主轎杆」，從左右「轎圍子」裡面穿過。前後兩端各搭一條扁方橫木，再用「吊掛」掛在前後各一組四個「轎夫」抬的短槓上。每組包括三根短槓，組成「工」字形。在「工」字正中掛上「吊掛」，「工」字的四個端點就是「轎夫」用肩膀抬轎的力著點。所以不論「二人」、「四人」或「八人」抬的轎子，轎子本身都是用前後「兩點」抬起來走的。就因為重心位於兩根「主轎杆」的下方，雖只由「兩點」吊著也不會搖晃或甚至翻覆。全部「轎杆」共含十件，都漆成黑色，鑲著白銅零件，用的繩子和用肩扛的地方都用藍布包裹。此外尚有兩件「支杆」是由「轎夫」中前後兩組四人的左邊第二人掌管。路中停止前進時，此人把「支杆」撐在扁方橫木下面正中。這時全部轎子便由前後這兩根「支杆」承擔，八個「轎夫」可以暫時立著稍息。再上路時，便把「支杆」掛在「轎杆」上。規矩似乎是：起轎、前行或止步等等發號施令就是由前左方這位掌管「支杆」的「轎夫」一人負責。至於他用的是什麼行話，無法察考。「老轎夫」全都作了古，我國抬轎子的功夫便也失傳了！

每逢電視節目上亮出抬轎子的鏡頭，都只見轎子左搖右晃，轎夫都是直接扛兩根「主轎杆」。那是中國人坐轎子的時代沒見過的。如果轎子真是那樣抬法，坐轎子的人不論是什麼人：新娘子、官員，甚至皇帝，都不是暈頭轉向，就是在轎中哇哇大吐！

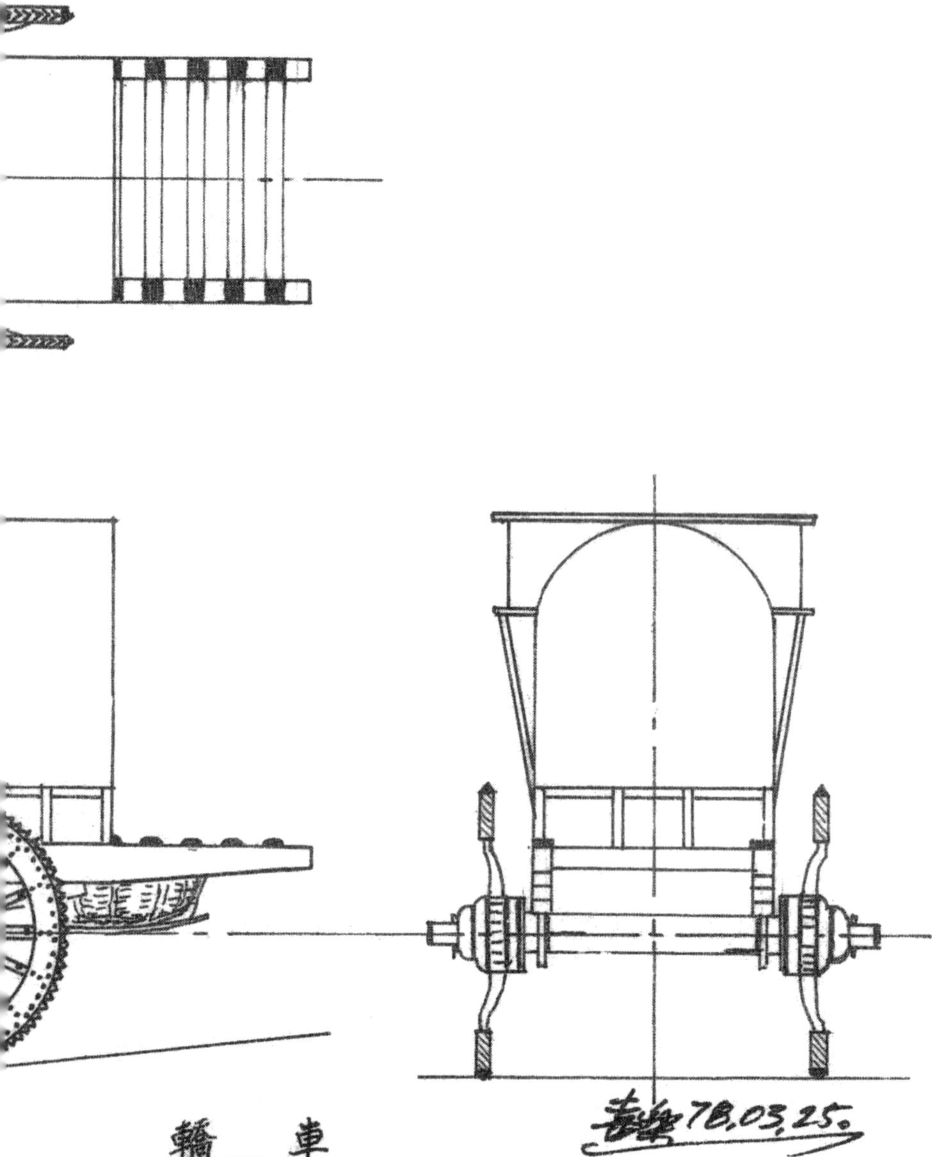

轎　車

第五圖

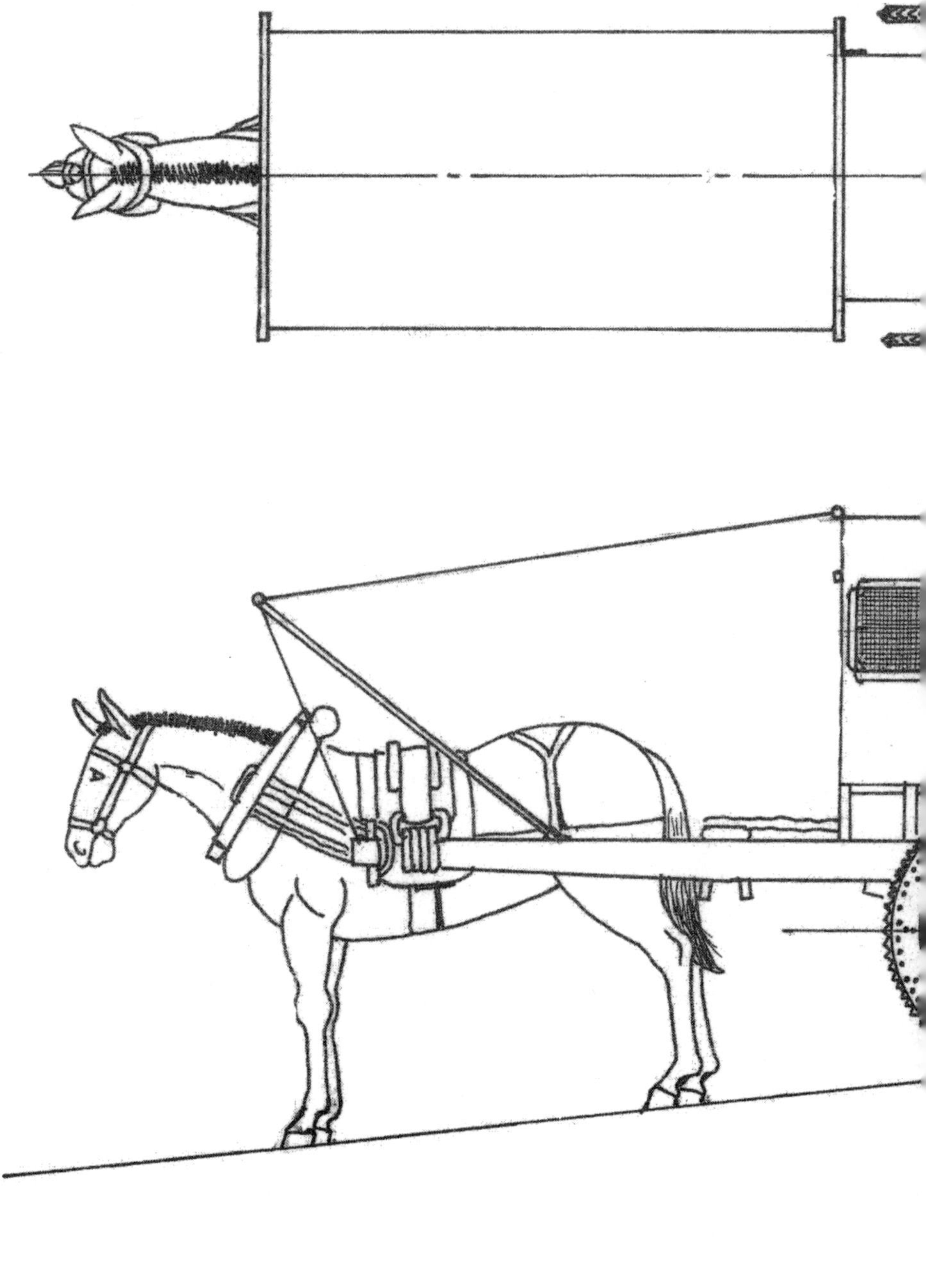

轎車

中國什麼年代就有了轎車？不必考證。現在可以確實證明的是：中國乘轎車代步時，洋人的「轎車」尚未出爐。所以轎車確實是國貨，載人行遠路，不知用了多少年！

二十世紀末期汽車橫行天下。載人的汽車中有一種型別叫「轎車」，英文名是sedan，本義是「轎子」而非「轎車」。中國自己發展的轎車，才名符其實是「轎子」加「車」合成的一輛轎車。有一次筆者為文提到小時去姥姥家，坐騾子拉的轎車。刊出之後一看已被改稱「馬車」。豈不知中國原本沒有「馬車」，洋人才有。世界上現用的華貴「馬車」只剩英國王室遇大典所用的那輛了。清朝末年洋人把「馬車」介紹到中國來，中國才有了「馬車」。那是四輪車，前兩輪小有轉向機構，後兩輪大。車身是用弓形彈簧架在車輪結構上，人坐在車裡不太感到顛簸之苦。車身內可對面乘坐四人。左右和後面都是玻璃窗，前牆掛一面鏡子。地板鋪著毯子，頂棚和四牆以及座位全加白緞面子裝潢。乘客從左右兩門上下。趕馬車的「馬車夫」高高坐在前面。常見的是套著一對黑馬，兩個「馬車夫」用韁繩控制行車。車後也備一個平座位，由「馬車夫」的助手使用。車身前面左右兩上角裝著玻璃燈，點煤油，為夜行照明。這種「馬車」英文名詞曾叫 bus，也叫 coach。美國早先開發西部時，「馬車」叫 stagecoach。英國王室那輛叫 royal coach，好像是用四套黑馬拉的。夏天乘坐的尚有「敞篷馬車」。這些簡介在使國人了解洋「馬車」與中國轎車有別。中國「轎車」不可稱為「馬車」，美國汽車叫「轎車」很勉強，主要理由是：這一車型是前後各由兩車輪抬著一個駕駛艙故名。

轎車的「轎子」部分是把窗櫺式木槅架在一部精緻的「大敞車」上。有了「轎子」部分，兩旁擋車輪的「護欄」也便取消不用了。「轎子」上的「頂蓋」製成與轎身固定，外觀是半圓「車頂」合成轎車的車身。用藍布製成「車圍子」從車頂罩下來。兩邊也有黑紗窗，前面有「車簾子」，平時捲上去。為拉車的騾子，夏天還在牠上方支一張帳子遮陽。全車的木結構表面漆茶色透明油漆，鐵件部分漆成黑色。這種油漆是桐油摻漆煉製而成。至今臺灣仍有製漆師父專門煉製這種中國特有的漆，維持煉製技術不輟。

轎車的「車輪」構造與「大敞車」的相同，只是造得特別精緻。「轂」已不是一段圓柱形的圓木，而是外端鏇成圓楞的鼓形。「輪盤」外圓的「鐵箍」也製成尖齒形，輥在石板道上發出「得、得」的聲音。裝這種尖齒形「鐵箍」的轎車別名叫「山西驕兒」。轎車所用套騾子的裝備也都比大敞車用的精緻美觀。轎車「車篷」裡面可乘兩位婦女和兩三個小孩，簾外左邊是「車夫」趕車的座位，右邊可坐一位乘客。他們坐墊下面放著一個長矮凳，為乘客上下車之用。參看第五圖。

轎車是中國末與歐美文明接觸的時代唯一乘人的舒適交通工具。在清末民初以前，到底使用了多少歲月，恐怕找不到記載。《紅樓夢》一書中，女眷出門都要乘車，應該就是這種轎車。是否那時還有比轎車更輕便又有篷的騾車，便很難探究了。

小時北平街上各種車輛全有。包括現代的汽車、歐洲的馬車、用人力拉的「東洋車」、騎著走的自行車、跨著「斗子」的三輪摩托車，加上本文描述的中國本色各種車和轎。每次到城外鄉下看姥姥，爸爸都要到東四牌樓馬市大街僱一輛轎車。媽媽和我們哥哥妹妹三人坐在車裡，爸爸坐在外面右邊。一路顛顛簸簸，出了胡同的土道走上碎石軋的馬路，再走上王府井大街、東長安街和東交民巷的使館界都是柏油馬路。車進了哈達門的城門洞，車輪便「得、得、得」，輥上大塊石板鋪的地面，又上了同樣大石板蓋的大石橋，轎車便左搖右滑，車輪輥進石板對縫光滑的深溝時，不由得車身猛然左衝右撞，在車內須用雙臂向兩邊車壁撐住，才不致被撞得頭破血流。到了鄉下，轎車和騾子才算踏上舒適的黃土道了。

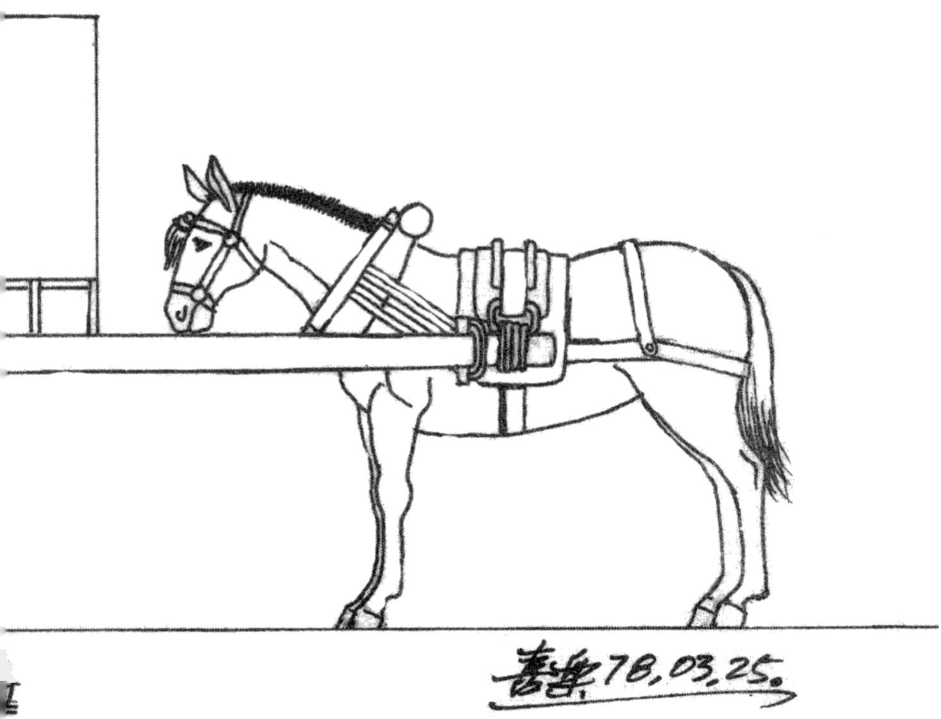
78.03.25.

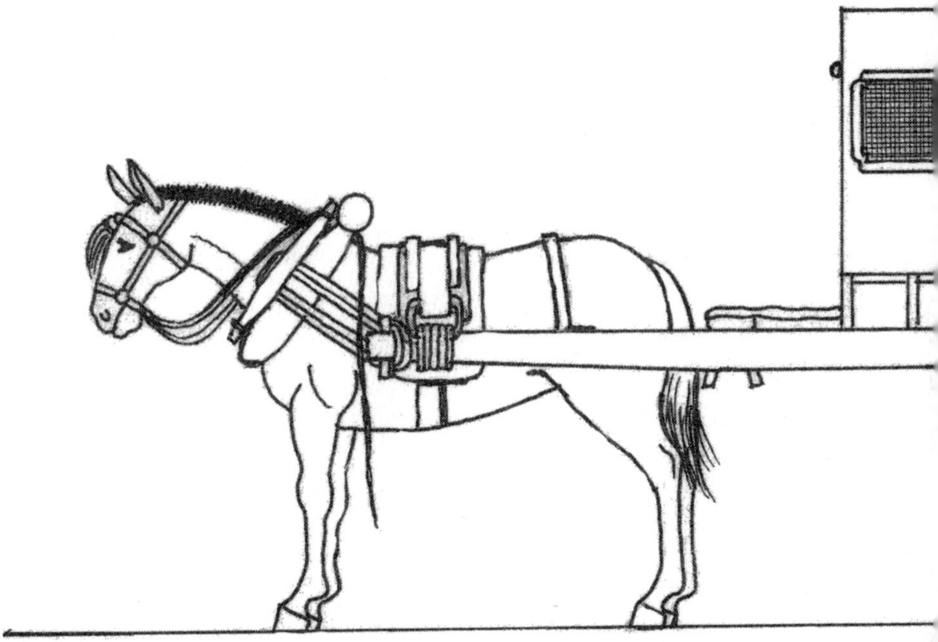

騾馱轎

簡單的說，騾馱轎就是一頂轎子不用人抬，而用兩匹騾子馱；騾子一前一後，中間馱著轎子。但實際上，中間不是一頂原來由人抬的轎子，而是一輛拿掉「車輪」的轎車。自然為能套上第二匹騾子在後面馱，必須特製兩根長「輈」。參看第六圖。

騾馱轎是中國本土文明的產物。它是從獨輪車到兩輪車，從載重的大敞車到與轎子結合而成轎車，再從轎車改進變成能到「車輪」無法通行的地區，用騾子馱著跋山涉水，通行無阻的交通工具。

騾馱轎是為長途旅行而想出的權宜設計。走遠路乘客行李多，在轎車的車箱裡也坐臥自如。尚可生一個小炭爐取暖、沏茶、燙酒。除鋪蓋捲兒可以在轎子裡打開應用外，書篋、柳條包之類都可掛在下面。乘騾馱轎遠行，大多湊幾臺騾馱轎大家一起上路。有一年二叔跟隨一位軍醫官開拔到西北，乘的就是騾馱轎。尊稱騾馱轎是中國老時代的「長途臥車」也很恰當。

騾馱轎的創作證明中國人的聰明才智豐富，為解決生活上行的需要能發揮想像力，適應環境的變化而面對考驗。可惜在過去的幾千年中，大多數的文人未曾追求物質和工匠技術上的學問，一味把聰明的頭腦埋沒在玩弄文字的象牙之塔中，使可用的智慧在人類物質文明的進步上無份！

◎寧靜的世界

陳景容／著

本書集結作者多年來在創作、學習、教學及生活等各方面的心得所成。透過作者詳盡且生動的描述，讀者可以於字裡行間認識到作者與藝術初相遇的故事，一窺作者創作臺灣第一件大型濕壁畫〈樂滿人間〉、法國沙龍得獎作品〈裸女與騎士雕像〉背後創作的心路歷程。甚至可以從書中見證臺灣前輩畫家們：李梅樹、廖繼春、鹽月桃甫等的生平事跡及軼聞趣事。

◎河宴

鍾怡雯／著

本書收錄了鍾怡雯一九九一至一九九四年間發表於臺灣、大陸及新馬等地的散文，包含十餘篇得獎作品，是她的第一本散文集，更是她自我成長經歷的「交待」與「總結」。輯一所錄的作品，以靈動自然的詩化語言和略帶小說架構的敘述手法，糅合記憶、見聞與冥想，重構作者心中的人間。輯二和輯三記錄了作者在散文創作上的計畫性經營與探索歷程。前者以感性的工筆回首眺望如外島般遙遠的童年舊事；後者則是對生命與時間的沉思，有理性的脈絡與重量。輯四多屬詩意盎然的短篇創作。

◎象形文字

陳冠學／編著

本書揀選了一百七十餘個象形字，分成日月、雲雨等十個類目，以圖解分析的方式，加上作者獨特的見解，深入淺出地展現出了這一百七十餘個文字演化的整個過程，細細地去品味欣賞，會讓你覺得每個文字都似有生命一般的在眼前舞動。

◎賣牛記

琦君／著　田原／繪

琦君看似輕柔的筆觸，蘊含人性的光明與良善，深含人類最原始、最純真的情感，娓娓道出超越功利的更高價值——愛，企盼重新喚起人性中失落已久的美好。本書收錄兩篇小說，以溫婉的文字，充滿童趣的插圖，等您來細細品嘗箇中「愛」的滋味。

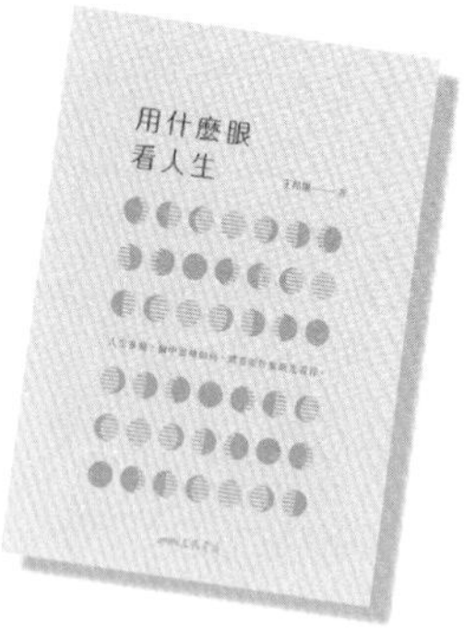

◎用什麼眼看人生

王邦雄／著

中文系加上哲學所的背景，以及融貫儒家、道家兩大中華文化傳統的學養，使王邦雄教授的文字飽含哲思理趣；並能跨越時空，進入現代生活，回應種種永恆生命課題。試圖在傳統經典的現代詮釋中，書寫哲學所體現的內涵，給出消解生命苦難的哲理藥方——走出表態淺視，越過謀慮深察，而至人間真情真理的清澈觀照，方能在時代巨流中立足，看見人生的絕妙風景。

◎留俄回憶錄

王覺源／著

一九二〇年代，經由國民政府選派的中國第一批留俄學生，在經歷遙遠的旅途後，終於來到蘇聯首都莫斯科。蘇聯迥異於中國的風土民情，以及詭譎多變的政治氛圍，在在呈現於這批留學生眼前，一切都顯得那麼新奇，而又神祕。且看首批留俄學生——王覺源，如何用既寫實又風趣的筆調，生動記錄他的第一手觀察，這不僅是一部個人回憶錄，更是一個時代最珍貴的見證！

◎喜歡，是一粒種籽

韓　秀／著

本書以種籽生長歷程為發想，從首章開始，介紹台灣作家、作品，在這塊土地落地生根。第二章以文學側寫歷史，從中汲取經驗、吸收養分。第三章介紹海外優良讀物，如風般捎來遠方的故事。最後一章則為眾作家對文學之光的永恆追求，對閱讀、寫作、出版的熱愛。

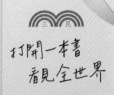

國家圖書館出版品預行編目資料

北京城不是一天造成的／喜樂著.——二版一刷.——
臺北市：三民，2023
面；　公分.——（輯+）

ISBN 978-957-14-7587-5（平裝）
1. 遊記 2. 北京市

671.0969　　111020611

北京城不是一天造成的

作　　者　喜　樂
發 行 人　劉振強
出 版 者　三民書局股份有限公司
地　　址　臺北市復興北路 386 號 (復北門市)
　　　　　臺北市重慶南路一段 61 號 (重南門市)
電　　話　(02)25006600
網　　址　三民網路書店 https://www.sanmin.com.tw

出版日期　初版一刷 1995 年 1 月
　　　　　二版一刷 2023 年 8 月
書籍編號　S852810
I S B N　978-957-14-7587-5

三民書局